100 mots
contre l'isolement de nos aînés

© 2021, Fauves Éditions
9, rue de l'École-Polytechnique – 75005 Paris
www.fauves-editions.fr
ISBN : 979-10-302-0390-5

Petits Frères des Pauvres

100 mots
contre l'isolement de nos aînés

Plaidoyer pour un réveil des consciences

Préface Laure Adler

« L'un des privilèges de la vieillesse,
c'est d'avoir, outre son âge, tous les âges. »

Victor Hugo

Préface

Une révolution du regard
sur la vieillesse est nécessaire

par Laure Adler

Nous vivons dans une société où la vieillesse est perçue et représentée sous forme d'un désavantage, d'un alourdissement, d'une lenteur voire d'une inutilité. La vieillesse, c'est du moins. La jeunesse, c'est du plus. Notre société veut toujours du plus, du culte de la performance, de la vitesse, du sans tache, du sans faute, de l'aérien en oubliant que les jeunes, eux aussi, deviendront un jour vieux. Ils n'y pensent pas, on fait tout pour que cela leur soit impensable tant cela s'assimilerait à un enfer indicible et inconnaissable. On préfère parler d'éternelle jeunesse et, *de facto*, d'obscène vieillesse. Dans les rapports administratifs, on parle d'« invisibilisation de la vieillesse » dans la vie réelle –

celle que nous subissons par le biais des représentations
– de « vieillesse ennemie », de « vieillesse fardeau »,
de « vieillesse ensommeillement ». Nous sommes de
trop. Donc, faisons-nous de plus en plus discrets, ne
donnons pas notre avis, puisque nous sommes considérés comme des citoyens périphériques, et habitons
ce qu'on nous propose : les marges de la société pour
être – éventuellement – un peu tolérés.

Cette accélération du changement de regard sur l'âge
a commencé à bas bruit dès la fin des années 1950,
comme l'a si bien cartographié Simone de Beauvoir
dans son livre prophétique *La Vieillesse*[1]. Elle y annon-
çait dans sa conclusion que si nous ne changions pas de
regard ni de pratiques sur ce qu'on nommait le grand
âge, il y aurait rupture démocratique, rupture de civilisation.
Encore une fois, Simone de Beauvoir avait raison. Non
seulement nous n'avons pas changé, mais nous n'avons
pas inclus dans notre système symbolique de représentation du monde que la société en son entier vieillissait
et que c'était un bienfait pour chacun d'entre nous,
quel que soit notre âge ! D'abord, parce que c'est un
progrès, pas seulement médical mais éthique, car l'âge
est un privilège, un supplément d'âme ; ensuite, parce
que les générations ascendantes peuvent tirer bienfait
du temps et du désir de transmettre que nous pouvons
leur proposer. La performativité économique de notre
système actuel fonctionne aussi, sans le nommer, sur

---

1. Beauvoir (de), Simone, *La Vieillesse*, Gallimard, 1970 ; Folio, 2020.

ceux qu'on appelle pudiquement les aidants, c'est-à-dire celles et ceux qui sont retirés de la course économique et qui prennent en charge – pour le bon fonctionnement de la société tout entière – les plus fragiles, les plus vulnérables. C'est donc à un véritable changement de paradigme qu'il faut nous atteler tous aujourd'hui. Le moment est important et nous en avons la force – pas seulement quantitative, mais aussi qualitative. Par la force de nos propositions, la jeunesse (eh oui) et l'enthousiasme à penser l'avenir de notre âge, nous parviendrons à inverser ce négatif qui nous encage et ne nous permet pas d'être considérés dans notre dignité certes, mais surtout de ne pas être reconnus… pour nos capacités !

100 mots pour les sans-voix

par Alain Villez,
président de l'association Petits Frères des Pauvres

100 mots pour les sans-voix. Notre pays compte 17 millions de personnes âgées de plus de 60 ans. Parmi elles, 1 million vivent isolées et 300 000 sont en situation de mort sociale. Ce fléau est d'autant plus préoccupant qu'il est invisible aux yeux du plus grand nombre. Les représentations sombres construites au fil du temps autour de la vieillesse, des fragilités liées à l'âge et à la dépendance, de la fin de la vie expliquent en partie ce mouvement involontaire qui consiste à ne pas être enclin à voir. La portée de cette réalité est tragique : elle inflige à une importante partie de nos concitoyens silencieux une douloureuse indifférence en les réduisant trop souvent à des clichés dévalorisants.

N'ayons pas peur des mots. Révéler le sens d'un mot peut éclairer. Découvrir un lexème peut éveiller les esprits. Se questionner autour d'une notion peut initier, inviter à changer de regard et à expérimenter de nouvelles façons d'agir. C'est l'essence même de cet abécédaire qui appelle à un réveil des consciences.

Par l'entremise des mots, nous incitons les citoyens et les pouvoirs publics à considérer avec discernement la société de la longévité qui accueillera dans les années à venir un nombre de plus en plus important de personnes âgées et, parmi elles, de nombreux centenaires! Bien trop négligée, cette transformation démographique a pourtant des répercussions sur tous les pans de notre société devenue intergénérationnelle. Nous invitons aussi à nous interroger sur la place de nos aînés au cœur de la cité et à prendre conscience des conséquences de l'isolement et de la solitude qui frappent les plus âgés démunis qui vivent à nos côtés.

La crise sanitaire sans précédent que nous traversons depuis mars 2020 a mis en lumière de façon singulière l'isolement des personnes âgées, aggravé durant les périodes successives de confinement. Si cette crise a permis de prendre conscience de l'impact de la solitude sur le bien-être de nos aînés (et de tous, par la même occasion) et de faire naître un élan de générosité exceptionnel, elle a aussi fait jaillir des débats opposant les générations.

Alors, demain? Les enseignements de cette période ne doivent pas sombrer dans l'oubli. Mieux, ils doivent nous donner envie collectivement d'aller plus loin en nous mobilisant pour construire une société plus fraternelle envers et avec nos aînés, capable de transformer une prise de conscience en un changement de regard profond et pérenne sur la vieillesse. Convaincus que cette transformation est possible par la sensibilisation de l'opinion publique, nous comptons, même modestement, sur cet ouvrage pour y contribuer.

A

ACCOMPAGNEMENT

Marcher aux côtés de la personne âgée en respectant son évolution et son rythme propre, en s'ajustant constamment à ses besoins : telle est notre conception de l'accompagnement. C'est l'aider à se prendre en charge et la laisser libre de ses choix. C'est la considérer comme un être toujours en devenir.

L'accompagnement, incarné par la présence et les actions des bénévoles, est une relation qui se construit dans le temps et qui repose sur un lien de confiance.

Notre accompagnement suppose de savoir être à l'écoute de la personne pour s'ajuster à ses attentes et ses besoins, de contribuer à améliorer son **quotidien**, de s'impliquer à plusieurs et de s'engager auprès de la personne dans la durée.

Cet accompagnement nous permet de lutter contre l'isolement de nos **aînés** et d'adoucir le **dernier quart de leur vie**. En agissant collectivement, en **témoignant** et **alertant** sur des situations inacceptables, en proposant des solutions, nous contribuons à bâtir, depuis 75 ans, une société plus fraternelle où chacun a sa place pleine et entière jusqu'à son dernier souffle.

AGIR COLLECTIVEMENT

« Seul on va plus vite, ensemble on va plus loin ! ». C'est bien ce en quoi les Petits Frères des Pauvres croient et qu'ils mettent en œuvre chaque jour au sein des équipes de bénévoles qui accompagnent des personnes âgées isolées. Agir à plusieurs, c'est considérer les différences comme des complémentarités pour faire vivre des projets d'équipe dans un esprit d'ouverture, de convivialité, de plaisir partagé autour de la cause qui nous anime !

Agir collectivement (un des trois piliers de notre **projet associatif**) c'est surtout notre savoir-faire ! Nous considérons que notre action est un projet collectif, ouvert, qui cherche à associer l'entourage et les partenaires autour des personnes âgées. Les liens se retissent par l'action de chacun. Face à la complexité de certaines situations et des difficultés rencontrées par nos aînés, c'est notre intelligence collective en action qui nous permet d'imaginer des solutions, d'innover, d'élargir les possibles.

Savoir agir collectivement c'est aussi une manière de démontrer, sur des **territoires** très différents, qu'il est possible de faire vivre la **fraternité** et la **solidarité** de façon concrète et souvent joyeuse.

« Laissez rentrer ce virus dans les maisons de retraite! Comme ça, pas besoin de réforme! Ça tue que les vieux. » Pendant la crise sanitaire de la Covid-19, nous avons été témoins de ce type de messages discriminants. Toute forme de **discrimination** fondée sur l'âge est punie par la loi, c'est ce qu'on appelle l'â*gisme*.

L'**invisibilité** des personnes âgées dans les médias ou l'image de la personne âgée qui est véhiculée (dépendante, malade, inutile à la société) ont un impact délétère. L'OMS rappelle que « *l'âgisme peut avoir un effet auto producteur en développant chez les personnes âgées des stéréotypes d'isolement social, d'affaiblissement physique et de déclin cognitif, du manque d'activité physique et de fardeau économique* ».

Tous ces constats doivent nous inviter à mener une vraie réflexion collective sur la place des personnes âgées dans notre société, leur rôle et l'impérative nécessité de favoriser leur inclusion, quels que soient leur âge et leurs **fragilités**.

Une société qui ne respecte pas ses aînés, c'est une société qui perd son humanité.

Aînés

Employer le terme « aîné » a une valeur politique : il dit ce que nous voulons que notre société soit. C'est reconnaître qu'une personne est née dans un monde très différent de celui d'aujourd'hui, qu'elle a eu une vie faite de joies et de chagrins et que désormais, son avancée en âge implique son lot de difficultés. Mais l'identité de cette personne ne sera jamais réduite à l'usure du temps qui passe.

ASSOCIATION

Le ministre de l'Intérieur Pierre Waldeck-Rousseau se doutait-il de l'impact considérable que son projet de loi (déposé au bureau de l'Assemblée nationale en juin 1901) déclencherait sur la société et le **lien social** au cours des décennies suivantes? Que serait la vie sans les associations? À quoi ressemblerait notre société sans cette liberté fondamentale du droit de s'associer pour mettre en commun, entreprendre, agir, proposer, revendiquer, se défendre?

Le droit d'association est au cœur de notre contrat social, il est aussi un formidable accélérateur d'humanité en consacrant le primat du collectif sur l'individualité. C'est bien parce que nous sommes plus efficaces, plus créatifs, plus forts à plusieurs, que s'associer constitue une des voies possibles pour démultiplier notre pouvoir d'agir. Avec un million et demi d'associations et 20,5 millions de bénévoles, notre pays affiche une formidable dynamique au service des autres.

AUDACE

Si l'audace signifie entreprendre « *des actions difficiles, dangereuses, au mépris des obstacles* »[2], l'audace, c'est surtout Ghislaine, 70 ans, qui, bravant l'interdiction de cueillir des fleurs dans un parc, demande à la bénévole qui l'accompagne de faire le guet pour qu'elle puisse se constituer un bouquet.

C'est aussi Micheline, 90 ans, qui a décidé de se faire tatouer à 70 ans : « *Avant, ça ne se faisait pas. Quand j'ai vu que les jeunes s'y mettaient, je me suis dit : « Pourquoi je ne le ferais pas aussi ? »* ». Micheline ne tient pas compte du regard des autres : « *Personne ne m'a jamais fait de critiques, ça faisait plutôt rigoler. De toute façon, je fais ce que je veux avec mon corps !* ». Pour elle, la vieillesse ne doit pas être un frein pour agir en toute liberté et disposer de son corps.

L'audace de nos aînés inspire notre **association** au quotidien. Avec eux, nous tentons de **changer le regard** de la société sur les personnes âgées en les faisant entrer dans un stade aux côtés des joueurs de rugby des clubs du Top 14, ou encore en distribuant des préservatifs à la Gay Pride, en n'hésitant pas à montrer l'âme d'enfant et la **pulsion de vie** qui les animent toujours !

---

2. Selon Le Robert.

AUTONOMIE

Plaidons pour que l'autonomie soit dé-corrélée de l'âge! Une personne très âgée peut être considérée comme tout à fait autonome au sens où elle reste en capacité de gérer son quotidien selon ses désirs et sa culture, même si elle a besoin d'être aidée dans les gestes de la vie quotidienne et qu'elle présente une certaine **vulnérabilité**. Si nous faisons un détour par l'étymologie, l'autonomie se définit comme le fait de se gouverner par sa propre loi. À ce titre, l'autonomie ne peut être présentée, comme c'est trop souvent le cas, comme antinomique du handicap et de la dépendance. Tout individu, par nature, peut être autonome et souffrir d'incapacités fonctionnelles générées par des déficiences ou des pathologies somatiques ou psychiques.

Certes, chez nombre d'aînés, un processus d'altération de l'autonomie peut être constaté sans pour autant que celle-ci ne puisse jamais être considérée comme totalement perdue. Le respect de la **dignité** et de la personnalité de chaque personne accompagnée repose avant tout sur la reconnaissance de son autonomie.

B

Benevolus, en latin, « de bonne volonté ». Mais le bénévolat, c'est bien plus encore que des bonnes intentions! Ce serait alors… s'engager librement pour la cause des **aînés**, donner de son temps, de son énergie, passer à l'action, trouver du sens et se sentir utile, appartenir à un collectif, débattre, proposer, acquérir des compétences nouvelles, transmettre ses savoir-faire, prendre des responsabilités, partager des moments de joie, traverser ensemble les moments plus difficiles, s'épanouir grâce à une action que l'on a pleinement choisie, vivre intensément les relations avec d'autres bénévoles et avec les personnes accompagnées. Recevoir certainement autant que ce que l'on apporte.

Bien vieillir

Un concept né dans les années 2000 pour définir positivement la finalité des pratiques d'accompagnement et de soins ainsi que les politiques et stratégie de prévention du « mauvais vieillissement », approche qui prévalait jusqu'alors.

Fondée au départ sur des recommandations destinées à parvenir au bien-être et à la bonne santé, l'idée a très vite laissé place aux injonctions et à une forme de tyrannie qui a nourri les ambitions mercantiles de la « **Silver Économie** » et du marché des cosmétiques « anti-âge », phénomène parfaitement dénoncé par le sociologue Michel Billé.

Au risque de friser la caricature, nous pourrions affirmer que le meilleur moyen de « bien vieillir » est de rester jeune. Ce n'est pas le moindre des paradoxes de ce concept que de chercher à masquer les stigmates du vieillissement en les renvoyant dans le champ de la « fragilité », antichambre de l'état de dépendance institutionnalisé par la loi de 1997 instituant la Prestation Spécifique Dépendance (PSD), devenue en 2001 l'Allocation Personnalisée d'Autonomie (APA), et les Ehpad.

Le « bien-vieillir » fonctionnerait ainsi comme une forme d'euphémisation du vieillissement dans une société encore fortement marquée par une ostracisation de la vieillesse.

BIENVEILLANCE

Avoir le « souci de l'autre ». Capacité à se montrer attentif au bien-être d'autrui, une attention à l'autre, une forme de prévenance. Elle se caractérise par cette disposition qui précède la bienfaisance, cette volonté d'agir pour le bien d'autrui.

Elle s'incarne au sein de notre association à travers une attention constante au non-jugement, c'est-à-dire le respect des opinions, des croyances et des décisions prises par les personnes accompagnées. La bienveillance se nourrit de la sollicitude, cette intention selon laquelle nous reconnaissons authentiquement les capacités de la personne âgée, aussi vulnérable soit-elle. Nous considérons la personne comme toujours dépositaire d'une parole valable. La bienveillance irrigue la relation fraternelle et nos **accompagnements**. Elle est aussi inhérente aux pratiques des professionnels que l'on nomme « bientraitance ». Par nos actions et nos manières de procéder, nous souhaitons démontrer chaque jour qu'une société fondée sur la bienveillance est possible.

C

Il aura fallu que la crise sanitaire de la canicule de l'été 2003, avec son cortège de 19 000 victimes, pour révéler la question sociale – jusque-là parfaitement ignorée – de l'isolement social et de la solitude des personnes âgées.

Ultra médiatisée, cette crise sanitaire avait permis de pointer le manque criant de personnels et de moyens dans les hôpitaux et les EHPAD (respectivement 45 % et 19 % des décès). Avec 35 % de victimes mortes à domicile, la dissolution du lien social et l'abandonnisme des familles en période de vacances avaient été fortement stigmatisés par le président de la République de l'époque.

À l'aube de cette catastrophe que personne n'avait vu venir, les Petits Frères des Pauvres avaient engagé leur campagne de communication de l'été sur le thème de la solitude. C'est sur ce terreau qu'une mission de préfiguration d'une mobilisation nationale de lutte contre l'isolement des aînés (MONALISA) est née, première et timide implication des politiques publiques sur la question de l'isolement, caractérisée par le soutien à l'encadrement et la formation des équipes citoyennes d'accompagnement au sein de la loi adaptation de la société au vieillissement.

Centenaire

La personne centenaire est une richesse, une biblio-thèque de vécu et de souvenirs : elle a traversé un siècle, en a connu toutes les époques, des plus sombres aux plus florissantes. C'est une force de la nature qui a dépassé de près de vingt ans son espérance de vie. Elle entre aussi dans le très **grand âge**, celui de toutes les **vulnérabilités**. Elle est le chêne et le roseau.

Aux Petits Frères des Pauvres, 1 % des personnes que nous accompagnons aujourd'hui ont 100 ans ou plus. Elles sont, chaque année, 50 à 60 à franchir ce cap. Comme Louise, dont l'anniversaire a été fêté en dépit de la crise de la Covid-19, entourée des **bénévoles** réunies dans sa cour pour entonner ses chansons préférées, avant de lui déposer gâteau et présents.

Depuis les années 70, cette catégorie de la population a été multipliée par 20 : on compte 21 000 centenaires sur notre territoire. Selon les projections de l'Insee, d'ici quarante ans, les centenaires pourraient être dix fois plus et une personne sur deux née à l'aube des années 2000 pourrait voir le XXIIᵉ siècle. Ce « boom » démographique ne va pas sans interroger la prise en charge du très grand âge et plus globalement notre **politique** de la longévité.

Changer de regard sur la vieillesse : tout un programme !
Et surtout, un défi à relever si nous voulons une société
bâtie sur la notion du vivre-ensemble. Les personnes
qui avancent en âge sont aujourd'hui victimes d'une
représentation collective empreinte de préjugés néga-
tifs voire dévalorisants. La vieillesse est encore trop
souvent considérée comme l'antonyme du bonheur.
Lents, moins performants, moins réactifs, bloqués dans
le passé, les personnes âgées traînent derrière eux une
longue liste de stéréotypes et de **tabous** qui expliquent
en partie le rapport compliqué à la vieillesse. Redonner
aux personnes âgées toute leur place dans la société
implique donc un changement de regard général de
toutes les **générations… x, y et z.**

CITOYENNETÉ

À force d'être cuisinés à toutes sortes de sauces, certains mots perdent de leur puissance originelle. C'est assurément le cas de « citoyenneté » qui, avec son comparse « vivre-ensemble », furent ainsi le pare-feu de la déficience de l'action publique ou de ses vœux pieux.

Pourtant, à l'heure où l'**inclusion** prend quasiment sa succession, il est important de redonner tout son sens au concept de citoyenneté qui caractérise tant l'appartenance à la cité que la capacité d'y exercer ses droits et devoirs. Les personnes âgées qui se voient empêchées pour des critères d'âge, de **santé** ou de résidence, d'accéder à l'ensemble des attributs conférés à un citoyen majeur sont ainsi atteintes dans l'exercice de leur citoyenneté. Dénoncer cet état de fait constitue l'un de nos combats.

COLOCATION

Un terme qui fait penser à *L'Auberge espagnole*[3] : un lieu sympa, où chacun vient tel qu'il est, dans lequel on partage au-delà du logement et du réfrigérateur, jours heureux et jours de peine. Dans l'imaginaire, un lieu réservé aux **jeunes**.

Dans la réalité, il y a maintenant plus de vingt ans, les Petits Frères des Pauvres ont créé à Berlin des colocations pour des personnes ayant la maladie d'Alzheimer. Le principe est simple : mettre en commun les aides à domicile afin de bénéficier d'une présence continue, partager le loyer et les autres charges et bénéficier d'un lieu de vie semblable à un domicile ordinaire où les proches sont libres de venir quand ils le désirent. Ceux qui y vivent sont des locataires ordinaires, dans du logement ordinaire et donc intégré dans la cité. Il existe maintenant 3600 colocations de ce type en Allemagne. En France, il aura fallu attendre 2016 pour que les Petits Frères des Pauvres puissent ouvrir, à Beauvais, la première colocation à responsabilités partagée. Chaque locataire, chaque famille ainsi que les **bénévoles** et les aides à domicile, partagent la responsabilité pour le bon fonctionnement du lieu afin qu'il s'adapte aux besoins évolutifs de ses habitants. Un beau pari, qui semble fonctionner puisque de nombreux projets similaires commencent à se développer sur le territoire.

.

---

3. *L'Auberge espagnole*, de Cédric Klapisch (2002).

Confinement

La crise du coronavirus a sans doute scellé à jamais dans les esprits l'expérience vécue du confinement : déplacements limités, difficultés d'organisation, souffrances économiques, sociales et psychiques ... Pour de nombreuses personnes âgées, il aura été synonyme d'un **isolement** exacerbé, révélé de manière inédite par les médias, peu enclins habituellement à traiter ce fléau de notre société.

Durant le premier confinement, 720 000 personnes âgées n'ont eu aucun contact avec leur famille. Il a aussi généré une hausse notable du sentiment de **solitude** : 5,7 millions de Français âgés de 60 ans et plus ont ressenti de la solitude[4].

Pour celles du **grand Âge** résidant en établissement, le confinement restera lié à un enfermement prolongé, aux suppressions des visites extérieures pendant plus de deux mois et à l'organisation complexe du maintien des visites dans l'attente d'un vaccin.

Le confinement sera aussi longtemps associé à des prises de parole acerbes cherchant à opposer les **générations** et encourageant à exclure les personnes âgées de la société pour permettre aux moins fragiles de continuer à vivre normalement.

---

4. Source : rapport PFP, « Isolement des personnes âgées : les effets du confinement », juin 2020.

D

Dépendance

Nous sommes tous dépendants de quelqu'un ou de quelque chose. De l'air pour respirer, du facteur pour le courrier, de notre **voisinage** pour nourrir le chat en notre absence. C'est ce qui fait de nous des êtres sociaux. Nous vivons donc dans cette interdépendance qui donne le cadre dans lequel peut s'exercer notre liberté et nous permet aussi d'être acteur dans un échange permanent de besoins et de réponses à ces besoins. Si nous avons la possibilité de choisir les personnes ou les moyens pour répondre à ce besoin, cette dépendance est relative. Dans cet esprit, l'**accompagnement** des personnes **vulnérables** n'est pas d'imposer nos solutions, mais d'offrir la possibilité de faire le choix qui leur convient le mieux. Et ainsi de leur permettre de rester actrices de leur vie.

DERNIER QUART

À 60 ans, statistiquement, nous entamons le dernier quart de notre vie. Partant de ce fait établi, une personne âgée isolée, privée de **liens sociaux** essentiels à la vie, est donc privée du dernier quart de sa vie. Pour se rendre compte de la dureté de cette réalité, il nous suffit d'imaginer qu'une année calendaire représente une vie et qu'à partir du 1er octobre, premier jour du dernier quart de l'année, nous soyons privés de vie sociale jusqu'au 31 décembre. Plus de moments festifs, de joie, de famille, d'amis, de projets. Cette situation paraît absurde, inconcevable ou tout simplement insupportable. C'est pourtant aujourd'hui en France le tragique **quotidien** d'un million de personnes âgées.

Dignité

Les Petits Frères des Pauvres reconnaissent la dignité de toute personne dans la ligne de la Déclaration universelle des Droits de l'Homme : « *Tous les êtres humains naissent libres et égaux en dignité et en droits* », quand bien même les personnes elles-mêmes ne se sentiraient plus dignes de vivre. Nous reconnaissons dans chacun ce que notre charte énonce comme la « *valeur irremplaçable de chaque personne* ». C'est à partir de ce respect inconditionnel que nous construisons une société plus fraternelle. Si la dignité de la personne est bien inhérente à sa nature humaine, il peut exister des conditions de vie qui, elles, sont indignes.

Certains moments de l'existence sont des épreuves si difficiles que certains peuvent avoir le sentiment d'avoir perdu leur dignité. Notre **association** affirme que nous ne la perdons jamais. Notre présence auprès des personnes âgées les plus isolées, démunies et vulnérables est une manière de le leur dire, de les en convaincre et de contribuer à retrouver cette estime de soi jusqu'à leur dernier souffle.

Le regard que porte notre société sur la vieillesse contribue hélas à la dégradation de la dignité des plus âgés : infantilisation, perte du libre choix et altération de l'expression des personnes, paroles blessantes sur leur inutilité ou leurs incapacités… C'est la raison pour laquelle nous luttons afin que chacun puisse avoir la meilleure **qualité de vie** possible et que les citoyens soient sensibilisés aux enjeux de la lutte contre l'**isolement** de nos **aînés**.

DISCRIMINATION

Si la discrimination prend plusieurs visages, elle résulte avant tout d'un comportement discriminatoire qui nie l'individu dans ce qu'il est. La différence de traitement devient discriminatoire quand celle-ci ne peut être objectivement justifiée.

La discrimination ou les phénomènes de discrimination comme l'**âgisme** sont l'antithèse des principes d'égalité et de **fraternité** intrinsèquement liés à l'histoire de notre société. Plus récemment c'est la glottophobie[5] qui a fait l'objet d'un vote à l'Assemblée nationale. Voici donc un énième comportement discriminatoire qui doit nous interroger sur l'évolution du corps social. La lutte contre les discriminations ou, mieux, contre les comportements discriminatoires, passe parfois par la mise en place d'une **politique** de « rattrapage » des inégalités qui est nommée discrimination positive. Cette lutte est présente dans nos valeurs et se traduit dans notre action par l'accueil des personnes âgées de plus de 50 ans quels que soient leur origine, leur situation et leur état physique, psychique ou social.

---

5. Concept du sociolinguiste Philippe Blanchet : discrimination en raison de l'accent.

E

ÉCOUTE

« *Parler est une nécessité mais écouter est un art* » (Goethe). En effet, il ne suffit pas de deux oreilles pour savoir écouter. Écouter, c'est permettre à l'autre d'exprimer ce qu'il souhaite dire, sans l'interrompre, sans le juger, sans interpréter, sans vouloir toujours tout comprendre, sans envahir l'autre de ses propres expériences, sans donner de conseils ou de solutions, sans vouloir faire des parallèles avec son propre vécu, sans combler les silences, sans vouloir le sauver. Beaucoup de « sans » donc, mais avec une pleine présence. Écouter, c'est être complètement là, disponible, concentré et attentif pour permettre à l'autre de dérouler sa pensée, d'hésiter, de reprendre. Oui, cet accueil de la parole de l'autre est un art qui requiert un grand effort sur soi-même tant il est peu naturel, tant il est rare.

Plus efficace que la solution que l'on aurait eu envie d'énoncer, plus précieuse que le conseil que l'on mourait d'envie de donner, la « simple » écoute de ce qui a été exprimé permet à l'autre de se sentir exister, compris, rejoint… vraiment. Si l'on vous dit « *merci de m'avoir écouté* », considérez désormais avoir accompli beaucoup plus que ce que vous imaginiez.

EHPAD

Voici un acronyme qui, depuis sa création en 1997, a fait son chemin jusqu'à devenir vedette malgré lui des titres des journaux avant puis pendant la crise sanitaire. Décryptons : E comme Établissement. Ça commence mal : il ne s'agit donc pas d'un petit lieu de vie à taille humaine. H comme Hébergement. Plus de doute : en ce lieu, on y est hébergé, c'est-à-dire accueilli chez d'autres personnes. De passage. Ce n'est pas un logement, un « chez-soi » mais un « chez les autres ». P comme Personne. Ceux qui y sont hébergés sont encore considérés comme des personnes, bien qu'on y soit le plus souvent « placé ». A comme âgée et D comme **dépendante**. Deux conditions pour y être accepté.

La France fait partie des pays qui ont le plus institutionnalisé l'accueil des personnes **vulnérables** (21 % en France contre 8 % en Finlande). C'est un choix politique au détriment, hélas, du maintien à domicile et de toutes formes d'**habitat inclusif**. Les Ehpad se sont multipliés, accueillant de plus en plus de personnes à poly-pathologies qui auraient auparavant bénéficié de l'offre de services de longs séjours hospitaliers. Ceux qui y travaillent le font le plus souvent avec un fort engagement mais avec des moyens insuffisants et une reconnaissance bien modeste.

Entendez-vous ce mouvement qui vient d'assez profond en vous, comme une impulsion pour vous mettre en mouvement ? Agir contre quelque chose qui vous révolte, ou peut-être, plus simplement, vouloir améliorer ce qui ne vous semble pas tout à fait juste ? Ce quelque chose, ce moteur, c'est l'engagement ! C'est se mettre au service d'une cause et réaffirmer ses valeurs par ses actes. C'est donner de l'épaisseur à ce que l'on fait, par ce que l'on croit juste. L'**engagement** est commun à tous les acteurs des Petits Frères des Pauvres : les bénévoles bien sûr, mais également les bienfaiteurs, les salariés, les services civiques, les mécénats de compétences. Il est la source de cette énergie et de cette implication qui leur donnent envie d'agir au nom des valeurs dans lesquelles ils se reconnaissent pleinement. L'**association** quant à elle s'engage aussi réciproquement à les soutenir, les guider tout au long de leur parcours et, chemin faisant, de continuer à nourrir cette énergie puissante qui permet, ensemble, de réaliser des choses extraordinaires avec les personnes âgées. Et si l'on pense, comme Simone de Beauvoir, que l'« *on reconnaît le degré d'une civilisation d'une société à la place qu'elle accorde à ses personnes âgées* », de nouvelles solidarités doivent notamment se créer. Outre l'appel au **bénévolat** d'**accompagnement**, la sensibilisation dès le plus jeune âge favorisant le passage à l'acte vers un engagement responsable et fraternel doit être pensée sous toutes ses formes possibles.

ENTOURAGE

Entourer est un verbe à forte dimension évocatrice. Les images ancrées dans notre mémoire se succèdent dès qu'il est prononcé. Certains y verront des bras qui disent l'affection, celle des parents dans l'enfance, celle de l'être aimé. D'autres imagineront les murs d'un enclos protecteur qui fixent une limite et permettent la vie. D'autres encore se figureront un trait sur une feuille autour d'un mot clé important qui doit être mis en valeur.

Mot-clé de l'**accompagnement**, l'entourage dit tout cela : il permet à la personne d'être, par son lien aux autres. Il protège, il rassure, il dit l'importance de toute vie « *unique et irremplaçable* », comme l'affirme la charte des Petits Frères des Pauvres. En étant proche des **aînés** isolés, l'**association** dessine des « Entourages » qui permettent de construire une société du lien.

Loin d'être un précepte, l'éthique est une démarche. Celle du questionnement. Celle qui vise à aligner nos choix et comportements avec les valeurs qui nous animent.

S'ajuster aux attentes et besoins de la personne âgée nécessite de s'interroger sur ce que nous faisons. S'engager dans un questionnement éthique permet de dépasser nos convictions personnelles et nos habitudes en vue de respecter au mieux la personne que nous accompagnons. C'est l'enjeu de l'éthique de la relation. À côté de « *l'éthique des petites choses du quotidien* » qui réduit les automatismes de la routine, il existe aussi des dilemmes éthiques, des cas de conscience difficiles qui surgissent lorsqu'entrent en conflit, dans une situation singulière, des valeurs d'égale importance. La question qui se pose aux **bénévoles** d'**accompagnement** est alors : « *Que dois-je faire pour discerner au mieux dans cette situation précise ?* ». Pour rechercher une réponse équilibrée, nous éclairons au préalable les différentes dimensions de la décision à prendre. Notre ambition est de faire de cette démarche un savoir-faire partagé tant à l'intérieur qu'à l'extérieur de notre **association**.

EUTHANASIE

Aider une personne à mourir plutôt que de l'aider à bien vivre sa **fin de vie** ? Voilà une question **éthique** majeure.

Littéralement, le mot « euthanasie » signifie « la bonne mort », douce, naturelle ou provoquée. Dans la pratique, elle correspond à un acte intentionnel réalisé par un tiers pour mettre fin à la vie d'une personne dans l'intention de faire cesser une situation jugée insupportable. Cet acte consiste en l'injection d'un produit létal destiné à « donner la mort ».

L'euthanasie se distingue du suicide assisté, qui consiste à fournir à une personne tous les moyens pharmacologiques afin de procéder à son propre suicide. La personne réalise elle-même l'acte et peut jusqu'au dernier moment se rétracter et changer d'avis.

En France, l'euthanasie reste interdite, tout comme le sont le suicide assisté et l'obstination déraisonnable. Le médecin est dans l'obligation de lutter contre la douleur de son patient et de tout mettre en œuvre pour améliorer son confort. Il est observé que les douleurs correctement soulagées éteignent la plupart des demandes d'euthanasie.

Au-delà des débats sur une légalisation de l'aide active à mourir, notre **association** privilégiera toujours les soins palliatifs et l'**accompagnement** dans cette étape si délicate de la **fin de la vie**.

EXCLUSION

L'exclusion sociale correspond à la marginalisation, la mise à l'écart d'une personne ou d'un groupe en raison d'un trop grand éloignement avec le mode de vie dominant dans une société. Elle touche les personnes en situation de **précarité** qui cumulent des insécurités dans le temps, ce qui compromet leurs chances de retrouver un équilibre de vie dans un avenir prévisible. Cette « désaffiliation » est souvent consécutive à une perte d'emploi, à une rupture de **liens sociaux**, à la perte de logement, au surendettement. C'est un processus qui est le plus souvent subi. Ces personnes peuvent alors passer par les stades du découragement, de déprime, voire de dépression pour finir par le désespoir. Ceci conduit à une perte de l'estime de soi, de son identité, de son sentiment d'appartenance à la communauté des citoyens. Les ruptures du **lien social** s'accompagnent souvent de graves problèmes de **santé**, de refus de soins, de **repli sur soi** et de troubles du comportement.

F

Vingt ans et plus. C'est le temps que peut durer un **accompagnement** chez les Petits Frères des Pauvres! Incroyable mais vrai. C'est cela la fidélité, cette promesse et cet **engagement** de l'**association** auprès des personnes âgées avec qui elle tisse des liens sans date de péremption. Très singulièrement, dans le secteur de l'action sociale, notre présence n'est ni conditionnée par la réalisation d'un projet ni liée à une quelconque échéance. Elle peut sembler à « contre-courant » de ce qui est promu par notre société consumériste.

Or, plus elles avancent en âge, plus les personnes ont besoin d'apaisement, de réassurance et de cohérence autour d'elles. À cette personne âgée qui souffre d'**isolement** et de **solitude**, dont le parcours de vie a déjà été marqué par des ruptures, des pertes multiples, des disparitions, des deuils sans doute, nous venons lui dire que nous serons constants, que nous saurons être là avec elle autant qu'elle le désire et jusqu'à la **fin de sa vie** si cela est son choix.

La fidélité repose sur une relation de confiance qui se construit progressivement, nourrie d'attentions parfois modestes mais régulières.

Rappelons que cette promesse de fidélité engage non pas le **bénévole** individuellement, qui reste un citoyen totalement libre de son engagement, mais l'association qui recherchera toujours de nouveaux bénévoles pour assurer cette continuité auprès de chaque **aîné**.

Fin de (la) vie

Trop souvent, une personne en fin de vie est d'abord vue comme « en fin », avant d'être reconnue comme une personne en vie jusqu'à la fin. La nuance est de taille !

En France environ 600 000 personnes décèdent tous les ans. La « fin de vie » désigne cette période qui constitue le terme de la vie comme un point de non-retour. Mais quand commence la fin de vie ? Rappelons que les personnes arrivées dans le **grand âge** au cours duquel la **santé** décline et s'accompagne de pertes des capacités ne sont pas considérées en fin de vie. Chez les Petits Frères des Pauvres, nous préférons parler de la fin de la vie plus que de « fin de vie », pour ne pas la réduire au seul « stade terminal ». Nous œuvrons pour rendre les conditions de cette vie les plus dignes possibles jusqu'à la fin en portant une attention particulière à mettre de la vie dans ce dernier moment de vie.

Finir, finitude même racine, mais sans finitude, pas de vie.

La relation privilégiée que les **bénévoles** entretiennent avec les personnes leur permet de les aider à exprimer ce qu'elles ressentent face à la peur de mourir, même si ce partage peut faire naître un embarras ou interrompre furtivement la relation.

Les personnes âgées parleront simplement de leur mort prochaine, de ce moment qu'elles redoutent souvent, ce temps où elles ne seront plus là car ce sera « fini ».

Dans leurs paroles, cela évoquera aussi le chemin parcouru, ce moment où, un peu désarmée face au temps, à la maladie, à la perte des amis, la personne âgée dira « *c'est fini, parce que je n'ai plus le temps* ».

Nous sommes témoins de ces histoires de vie singulières, de ce temps vécu avant que le ressenti intime de la fin ne se manifeste. « *Pour moi, la finitude* », nous dit Anne, 90 ans, c'est « *comme regarder une rose se faner lentement et se dire que demain ses pétales seront tombés* ». Trop souvent caricaturée, montrée comme inerte dans un fauteuil ou bien encore très dépendante, la vieille personne qui a peur de sa fin n'intéresse personne.

Fracture numérique

Dans notre société hyper connectée où nous utilisons les outils numériques pour de nombreuses activités de notre vie quotidienne, il y a toujours 4 millions d'aînés qui sont exclus du numérique, dont les plus âgés et les plus précaires.

Cette exclusion est devenue, au fil des ans, un facteur aggravant d'**isolement** alors que 61 % des personnes âgées internautes, y compris celles du **grand Âge**, s'en servent pour maintenir le contact avec leurs proches[6].

La crise sanitaire l'a démontré, le numérique ne pourra jamais remplacer un contact humain réel. Mais il a permis aux **aînés** connectés de rester en contact avec leur **entourage**, et même d'expérimenter de nouvelles applications comme les appels en visio. L'exclusion numérique des plus âgés a été cependant mise brutalement en avant durant la crise sanitaire, avec des **Ehpad** très peu équipés et trop surchargés pour être en mesure d'aider les résidents les moins autonomes à utiliser les outils numériques.

---

6. Source : rapport Petits Frères des Pauvres, « L'exclusion numérique des personnes âgées », septembre 2018.

Vieux et fragile : deux notions de plus en plus souvent agrégées, au point de les confondre. La crise sanitaire sans précédent que nous connaissons a parfaitement illustré cette confusion pour justifier le **confinement** prioritaire de cette catégorie de population. Le seuil de la vieillesse fragile a tout d'abord été fixé à 70 ans pour être abaissé ensuite à 65 ans. Certes, avant l'irruption des variants, la Covid-19 frappait essentiellement les personnes âgées, notamment dans ses formes les plus graves. Mais de là à étendre la situation de fragilité à tous les vieux ! La fragilité est définie par la médecine gériatrique comme la diminution des réserves physiologiques. Ainsi, l'adaptation des personnes âgées aux différents événements stressants de la vie s'avère plus difficile si elles sont plus exposées aux risques de **perte d'autonomie**. La mention « Attention fragile » floquée sur certains emballages illustre bien le caractère discriminant que peut revêtir une telle qualification.

FRATERNITÉ

Liberté, égalité, oui! Mais fraternité? La devise républicaine inscrite sur de nombreux bâtiments officiels, notamment les écoles, si présente dans notre environnement, a perdu au fil des ans de sa force, particulièrement le troisième terme du triptyque ! Paradoxe, le mot « fraternité » est présent aujourd'hui dans de nombreuses études, de nombreux discours. Fraternité est devenue un des mots clés de la République.
Le mot est à la fois fort, ouvert aux sentiments, et faible. La liberté, l'égalité peuvent faire naître des droits. La fraternité renvoie à la morale, au vivre-ensemble.
La fraternité engage. Elle ouvre un horizon large, elle provoque la **citoyenneté**. Pour **l'association**, « fraternité » implique une participation à la construction d'une société ouverte et chaleureuse où les personnes fragiles, **jusqu'au bout de la vie**, restent en lien avec tous et participent à un collectif porteur de sens pour toutes les **générations**.

Fraternité régionale

La relation fraternelle est au cœur même de la mission des Petits Frères des Pauvres. En s'ouvrant sans cesse sur les autres, elle concilie l'approche individuelle et la dimension collective. La charte de l'**association** place la **fraternité** comme un enjeu central à construire avec constance. Tout au long de l'année à travers les liens personnels entre les **bénévoles** avec les personnes âgées isolées, des rencontres festives, Noël, vacances, repas, nos **aînés** isolés retrouvent peu à peu leur place et peuvent reprendre la parole après de longues années de silence. La fraternité se construit concrètement. Toute l'association est engagée dans cette construction. Pour manifester cet **engagement** au cœur des **territoires**, l'association a décidé de donner le nom de fraternité à son organisation en région. Il s'agit d'un signe fort : les instances ne prennent pas une dénomination de type technocratique préférant le mot-clé du projet que nous portons au sein de la société : vivre la **fraternité**.

G

GÉRONTOLOGIE

Trop longtemps confondue avec la gériatrie, la géronto-logie se présente avant tout comme une science sociale appliquée à l'étude du **vieillissement** et de la vieillesse. L'anthropologie, la sociologie et la psychologie sont ainsi convoquées pour s'intéresser au sort réservé dans nos sociétés occidentales aux personnes âgées. La question princeps est de savoir de qui parlons-nous quand nous évoquons, sans trop savoir les nommer précisé-ment, des **aînés**, des personnes âgées, des séniors, pour ne pas dire des **vieux**.

Historiquement les Petits Frères des Pauvres, convain-cus que la vieillesse n'est pas une maladie, ont beau-coup œuvré pour l'avènement de la gérontologie face à la prééminence du médical trop souvent tenté de réduire les personnes âgées à la somme des pathologies qui les affectent. L'**association** a notamment soutenu pendant de nombreuses années la publication de la revue *Gérontologie* et a régulièrement contribué à la revue *Gérontologie et Société*. Rendre attractif le secteur des personnes âgées est aujourd'hui un défi. Il y va de l'avenir de notre société vieillissante.

Grand Âge

« *Grand Âge, nous voici.* » Parue en 1982, cette publication des Petits Frères des Pauvres décrivait déjà le phénomène du **vieillissement** de nos sociétés occidentales caractérisé par l'augmentation continue de l'espérance de vie et la montée de ce qu'il était convenu d'appeler à l'époque « le troisième âge ».

Des personnes de plus de 75 ans à l'époque, nous voilà rendu aujourd'hui à évoquer les « 85 ans et plus » comme seuil d'entrée dans le grand Âge. Le vieillissement de la population, à l'œuvre depuis les années 70, ne doit pas nous conduire à sous-estimer l'amélioration continue de l'espérance de vie sans incapacité : 17,8 années pour les femmes et 15,3 ans pour les hommes à l'âge de 65 ans. Cela nous autorise à un bel optimisme pour l'édification d'une société plus inclusive pour les **aînés** de grand Âge.

Au cœur de cette transition démographique sans précédent, il est plus que regrettable que le gouvernement ait une fois de plus repoussé l'adoption de la loi grand Âge et Autonomie. Si souvent promise et repoussée, dans l'attente d'une conjoncture économique plus favorable, ce report est critique quand on sait que notre société a plus que jamais besoin de penser la place des personnes très âgées dans la vie sociale en ne réduisant pas la question au seul besoin d'être aidé dans les gestes de la vie **quotidienne**.

Un logement, c'est quatre murs où se mettre à l'abri. Un habitat, c'est un prolongement de soi-même. C'est le lieu des souvenirs ou des projets, le lieu où on peut inviter l'ami ou refuser l'accès à l'intrus. C'est un miroir de nous-même, de notre personnalité. La façon de l'aménager, de l'investir, de le ranger est révélatrice de notre histoire passée et présente, de notre relation aux autres et au monde extérieur.

C'est donc notre espace privé, le plus intime. Il est à respecter avec précaution lorsqu'on y est invité. C'est pour cela que nous défendons le respect de l'intimité des lieux (**Ehpad**, petite unité de vie, pension de famille) que nous proposons aux personnes que nous accompagnons. L'habitat est un cadeau qui nous est fait, un signe de confiance dont on doit être digne.

Habitat inclusif

Habitat intermédiaire, participatif, alternatif… Les appellations sont variées pour parler des nombreux lieux de vie qui proposent une offre originale d'habitat aux personnes âgées et aux personnes en situation de handicap, entre le domicile ordinaire et l'établissement. Depuis longtemps, les Petits Frères des Pauvres défendent la nécessité d'offrir une diversité de types d'habitat répondant à des besoins et développé plusieurs expérimentations.

L'État a longtemps refusé tout ce qui ne pouvait rentrer dans le cadre strict de la réglementation des établissements. Il a finalement modifié sa posture pour préconiser un développement massif de ces petits lieux de vie afin d'amorcer une désinstitutionnalisation de la prise en charge des personnes vulnérables. Ces lieux ont été baptisés « habitat inclusif ».

Trois grands principes les régissent : le logement (groupé ou partagé) est le logement principal du locataire ; les habitants sont acteurs et décideurs du projet de vie qu'ils partagent ; ils mettent en commun des espaces et des moyens. Ici, pas de directeur qui concentre le pouvoir, mais une organisation permettant aux habitants et à leurs proches de conserver leur **autonomie** de décision.

Environ 80 % des personnes porteuses d'un handicap ont un handicap dit invisible[7]. Et si celui-ci est invisible, il n'en reste pas moins un handicap social. En désignant le « handicap » comme une incapacité d'une personne à vivre et à agir dans son environnement en raison de déficiences, les réflexions se portent davantage sur l'environnement inadapté qui crée la situation de handicap plutôt que la déficience elle-même. C'est pourquoi il est communément acquis de parler de « personnes en situation de handicap » et non de « personnes handicapées ». Les Petits Frères des Pauvres ne réduisent jamais les personnes à leurs handicaps, leurs incapacités, leurs pertes, leurs difficultés, leurs actes. Notre charte nous rappelle que les personnes âgées sont toujours des « *êtres en devenir* ». Nous luttons contre les stéréotypes incapacitants et nous œuvrons pour que chacun ait la capacité de mieux comprendre pour faire des choix, quels que soient son handicap ou ses déficiences.

---

7. Selon la MDPH (Maison départementale pour le handicap).

HÉBERGEMENT TEMPORAIRE

L'idée de mettre en place un hébergement temporaire à destination des personnes âgées a germé dans l'association dans la continuité de l'action **Vacances**. Plusieurs de nos maisons, ou plutôt de nos châteaux, étaient installés en milieu rural et peu occupés en période hivernale. De nombreuses personnes âgées vivaient très isolées en hiver, dans des lieux reculés et des habitats peu adaptés à leur âge. Des aidants exprimaient le besoin de pouvoir souffler un peu en prenant eux-mêmes des vacances. Plutôt que de fermer portes et volets début novembre, l'idée de proposer une nouvelle offre d'accueil, inexistante dans le paysage médico-social français, a germé. Ce type d'accueil, mis en place à titre expérimental dans une maison, s'est très vite étendu à d'autres.

Depuis, l'hébergement temporaire est devenu un dispositif largement répandu en tant qu'outil du maintien à domicile et de l'aide aux proches aidants. Malheureusement trop de places disséminées dans des **Ehpad** sont devenues des places en attente qu'une chambre se libère. Nous défendons que chaque établissement proposant de l'hébergement temporaire ait un projet d'**accompagnement** spécifique avec des équipes dédiées.

En 2021, tout se veut ou doit être inclusif. Pas une politique publique ne peut en faire l'impasse. Tant mieux. Car comment accepter une société qui se contente de la « majorité », ceux qui n'ont pas de souci de santé, financier ou d'intégration sociale. Comment les « autres », les « exclus » pouvaient-ils continuer à se faire discrets et se satisfaire des lieux qui leur étaient dédiés ? Pourtant, chacun de nous peut, temporairement ou définitivement, se retrouver du mauvais côté. C'est à ce moment-là que celui qui bascule réalise combien tout devient complexe alors : le trottoir face aux roues du fauteuil roulant, la complexité administrative quand on ne rentre plus dans les bonnes cases, le programme scolaire quand on a besoin de plus de temps. Une société inclusive, c'est celle qui, dans son organisation, place au centre ceux qui demandent le plus d'attention. Au bout du compte, c'est l'émergence d'une société **bienveillante** et **fraternelle** qui bénéficie à tous.

INTERGÉNÉRATIONNEL

Face à la restriction des relations intergénérationnelles au sein des familles réduites de plus en plus fréquemment à la dimension nucléaire et au cloisonnement des âges au sein de la société, est apparue depuis une trentaine d'années la nécessité de développer des actions intergénérationnelles.

Ces actions généreuses dans lesquelles les Petits Frères des Pauvres se sont investis avaient une visée : faire bénéficier les **jeunes** de l'expérience des **vieux** qui, de leur côté, seraient dynamisés par la fréquentation des jeunes. Trop souvent limitées à de simples rencontres entre des groupes de personnes âgées (notamment en **Ehpad**) et de très jeunes enfants des écoles, ces actions se sont élargies à des projets en matière d'aide aux devoirs, d'emploi des jeunes, d'échanges de savoir. Sous l'impulsion d'**associations** de retraités ces actions ont objectivement contribué à un **changement de regard** des générations entre elles.

Mais force est de constater que ces actions ne peuvent à elles seules faire obstacle à l'**âgisme** et la **discrimination** ambiants qui contribuent à monter les **générations** les unes contre les autres. Il reste du chemin à parcourir pour l'avènement d'une société réellement inclusive à l'égard des **aînés** comme des **jeunes**.

Comment 17 millions de personnes âgées de plus 60 ans peuvent-elles être invisibles ? C'est bien la vieillesse, la **pauvreté** matérielle, les fragilités liées à la maladie, à la **fin de vie**, à l'**isolement** de certains de nos **aînés** qui font détourner le regard. Cette disparition sociale, ou encore cette invisibilité médiatique, est une manière de tourner la tête. Détourner le regard, c'est faire preuve d'une violente indifférence à l'égard d'une partie de nos concitoyens.

L'invisibilité sociale, c'est aussi ne pas vouloir observer certains phénomènes sociaux qui concernent nos aînés (les violences, le **suicide**, la pauvreté matérielle). Cela évite de penser collectivement des améliorations de leurs conditions de vie. Cela revient surtout à nier l'existence de ces problématiques.

Les portraits de personnes âgées de notre exposition « Regarde-moi »[8], placardés sur les murs de grandes villes, disent notre refus de cette invisibilité. Les Petits Frères des Pauvres useront toujours de leur pouvoir d'interpellation pour se faire les porte-voix des aînés isolés, **vulnérables** et pauvres, que l'on ne veut ni voir ni entendre.

---

8. « Regarde-moi », portraits réalisés par le photographe Herbert Ejzenberg, sur le modèle des portraits grand format de JR. Expositions à Saint-Denis (2017), Marseille (2018), Nantes (2019) et dans le Gard (2019), dans le cadre d'une opération de sensibilisation du grand public afin de faire changer les regards sur la vieillesse.

ISOLEMENT

En 2017, les Petits Frères des Pauvres ont pris l'initiative de réaliser un rapport sur le phénomène d'isolement social alors totalement invisible[9]. Contrairement à la **solitude** qui est un ressenti, l'isolement social est un déficit de contacts qui se mesure en fonction de la fréquence des liens avec des réseaux de sociabilité (cercle familial, cercle amical, voisinage, réseaux associatifs). Être isolé, c'est n'avoir personne avec qui déjeuner, personne à qui confier ses clés, personne avec qui évoquer des sujets personnels.

Nous avons mesuré que 900 000 personnes de plus de 60 ans souffrent d'isolement (l'équivalent de la ville de Marseille) et que 300 000 personnes sont en état de **mort sociale** (l'équivalent de la ville de Nantes). Le risque d'isolement relationnel – c'est-à-dire passer plusieurs journées sans parler à personne – concerne 3,2 millions de personnes. Or, les humains sont des êtres d'attachement qui se nourrissent à travers la relation à l'autre. Un individu ne se limite pas à la satisfaction de ses besoins primaires. L'isolement assèche nos vies et c'est bien les liens et l'attention des uns aux autres qui donnent du sens, du sel et du goût à notre **quotidien**.

---

9. Source : « Solitude et isolement des personnes âgées de plus de 60 ans en France », rapport CSA pour Les Petits Frères des Pauvres, octobre 2017.

J

« On met si longtemps à devenir jeune ». Cette cita-
tion attribuée à Picasso, parvenu à un **grand âge**, nous
éclaire sur le sens de la jeunesse et en contrepoint sur
celui de la vieillesse : deux tranches de vie qui ren-
voient à un âge sans préjuger ni de la situation ni de
l'état d'esprit dans lesquels se trouve le titulaire de cet
âge. Le langage commun nous a habitués à parler des
« jeunes » comme il est communément acquis de parler des « **vieux** », de façon réductrice et globalisante,
au mépris d'une vérité : la jeunesse tout comme la
vieillesse se conjuguent nécessairement au pluriel en
fonction des origines sociales et de l'histoire de vie de
chacun. Ainsi, le fait d'être jeune ne saurait définir
l'appartenance à une catégorie sociale homogène pas
plus que le fait d'être vieux. La tentation est pourtant
omniprésente de globaliser en les évoquant. « Vous, les
jeunes ! » entend-on souvent dans la bouche des vieux.
Cette distanciation entre jeunes et vieux peut fabriquer
insidieusement des conflits générationnels que rien
ne peut légitimer. Notre conviction est que pour être
bien dans leur âge, jeunes et vieux ont besoin de se
côtoyer, de tisser du lien entre eux. Au risque, dans le
cas contraire, de s'enfermer dans leur classe d'âge et
de ne plus pouvoir se projeter dans l'avenir. Le « no
future » des jeunes se télescopant avec le « après moi le
déluge » des vieux.

Joie de vivre

Lorsqu'une personne âgée est isolée, elle subit une grande souffrance. Avec une vie recluse, sans contact physique extérieur et des liens inexistants ou rares avec les familles, amis, voisins ou **associations**, comment ne pas sombrer dans le désespoir ? Les rapports des Petits Frères des Pauvres le montrent : nos aînés isolés sont malheureux (21 % selon l'étude Solitude et Isolement de 2017/ CSA).

Par nos actions, nous recréons des liens leur permettant de retrouver une dynamique de vie et surtout, cette joie de vivre qu'ils avaient perdue. Grâce aux visites des bénévoles, aux sorties, aux anniversaires enfin fêtés, aux **vacances** qui dépaysent, nos **aînés** retrouvent goût à la vie. Oui, c'est possible !

Jusqu'au bout… de ce que la vie peut nous offrir !
Rire, rêver, s'émerveiller intensément, retrouver la **pulsion de la vie**, vivre pleinement, retrouver de la **joie de vivre**, améliorer le **quotidien** tant que la vie est là. C'est bien l'ambition de l'**association**, celle **d'accompagner** jusqu'au bout de la vie, sans « jusqu'au-boutisme », tant que la personne souhaite notre présence à ses côtés. Nourrir chaque moment, savoir faire plaisir à chaque personne âgée, être à l'**écoute** de ses besoins qui évoluent dans le temps. Savoir s'ajuster à ses attentes pour lui apporter du mieux-être, lui dire qu'elle compte pour nous, qu'elle a sa place dans la société, même les jours plus sombres et douloureux, jusqu'à son dernier souffle.

« La vie jusqu'au bout », c'est ce que veulent développer les Petits Frères des Pauvres dans leurs actions, y compris dans les moments de **fin de vie**. La culture palliative que l'association promeut le résume bien : « *Quand on ne peut plus ajouter des jours à la vie, il faut ajouter de la vie aux jours* ».

K L

KODOKUSHI (孤独 死)

La mort solitaire a un nom au Japon : le kodokushi. Il dénonce un phénomène révélé pour la première fois au pays du Soleil levant en 1980 et devenu depuis lors un problème croissant. Le kodokushi nous enseigne que des personnes âgées meurent seules chez elles et restent inconnues pendant une longue période. Malgré des statistiques incomplètes ou inexactes, 4,5 % des funérailles en 2006 auraient impliqué des cas de kodokushi. Drame de l'isolement social accru d'un pays qui connait un **vieillissement** record de sa population ? Chez nous, ce phénomène n'a pas de nom, encore moins de statistiques. Tout juste des faits divers qui témoignent de l'existence de ce fléau terrifiant.

En dix-huit mois, nous avons recensé dans la presse quotidienne régionale 40 faits divers qui annoncent une personne âgée retrouvée morte à son domicile entre 1 mois et 11 ans après la date de son décès. Peut-on accepter qu'en France, ce phénomène soit relégué aux rubriques « faits divers » de nos journaux sous le sempiternel titre « Encore un drame de la **solitude** » ? Pouvons-nous continuer à être les lecteurs passifs de quelques lignes qui confessent toute l'inhumanité qu'endurent nos **aînés** les plus isolés et les plus démunis ? Terribles révélateurs de l'appauvrissement des **liens sociaux**, ces morts solitaires viennent questionner notre vivre-ensemble, la **fraternité** que nous appelons de nos vœux et interrogent également nos politiques à l'égard des personnes âgées et nos institutions.

LIEN SOCIAL

En partageant des moments de vie avec des milliers de personnes âgées qui parlent de leur **solitude** et de leur difficulté au cœur de la société, l'**association** leur permet de vivre l'expérience du lien. Nous savons qu'il est essentiel pour être libre et en relation avec les autres. Les liens culturels, sociaux, économiques et politiques qui relient les individus dans leur vie quotidienne permettent à la société de se structurer en intégrant toute femme, tout homme, jeune ou âgé.

« Restaurer le lien social » est une notion présente dans de nombreux écrits qui exposent le projet de notre association. Cette action a une portée **politique** qui vise une transformation du vivre ensemble. Après des décennies qui ont permis l'émergence de l'individu se présentant comme délié de toute appartenance, la question du lien devient urgente. Cet « individualisme », aujourd'hui questionné au cœur des conflits sociaux, est particulièrement destructeur pour les personnes pauvres, et atteintes par la **fragilité** notamment celle de l'âge. C'est dans la pratique quotidienne de la relation avec les personnes les plus fragiles que l'association enrichit son projet : « restaurer le lien social ». Elle interpelle l'ensemble de nos décideurs. Ce sujet structurellement non politique le devient.

Logement partagé

Vivre dans un logement ordinaire n'est pas une évidence pour tout le monde, même quand on le désire depuis très longtemps. Le logement peut être synonyme de **solitude** et de **repli sur soi** quand on n'a pas de réseau ou de soutien. Parce que quand on a vécu en foyer ou dans la rue des années durant, dormir dans une chambre est un rêve mais aussi une épreuve. Offrir un logement à tous est un devoir, mais sans fournir l'**accompagnement** et le soutien nécessaires, cela revient parfois à aller droit dans le mur.

M

Maltraitance(s)

Violence physique, privation, abus de faiblesse, omissions, négligences, propos humiliants, infantilisation, pressions psychologiques, privation de droits : nous parlons de maltraitances au pluriel pour souligner en effet ses nombreux visages. La maltraitance n'est pas spectaculaire, pas toujours intentionnelle et son auteur pas nécessairement malveillant. C'est un phénomène complexe qui génère beaucoup de souffrance pour toutes les personnes impliquées.

Violence à l'encontre d'une personne âgée en situation de **vulnérabilité** (c'est-à-dire dans l'impossibilité de se protéger), la maltraitance est une violence d'autant plus abusive qu'elle surgit au cœur d'une relation qui est supposée être de confiance (la famille, les proches, les professionnels).

Marchandisation du lien social

Seriez-vous prêt à payer quelqu'un pour discuter avec vous si vous vous sentiez seul ? La question peut paraître surprenante. Pourtant, ce type d'offre commerciale fleurit sur le marché, tout particulièrement pour les personnes âgées pour qui l'allongement de la vie et les évolutions sociétales conduisent à une hausse inquiétante de la **solitude** et l'**isolement**. De l'entreprise ayant pignon sur rue aux jeunes pousses de la nouvelle économie, la promesse est identique : permettre à nos **aînés** de sortir de leur **isolement**. De nombreux discours autour du « **bien vieillir** » sont souvent associés à des technologies coûteuses.

Chez les Petits Frères des Pauvres cette marchandisation interroge. Tarifs élevés, accès aux services uniquement via Internet, ces offres risquent d'exclure encore plus les personnes qui n'ont ni les moyens de les payer, ni l'usage du numérique et de les confiner encore plus dans l'isolement et le **repli sur soi**. L'isolement relationnel et la souffrance ressentie par les personnes ne doivent, en aucun cas, être un argument marketing.

Nous ne cesserons d'encourager, favoriser, valoriser l'**engagement** citoyen. Face aux valeurs marchandes, nous sommes convaincus que seules les valeurs humaines permettent à ceux qui souffrent d'isolement et de **solitude** de vieillir le plus sereinement possible, dans l'échange et le partage, dans les plaisirs simples et essentiels de la vie.

Militantisme

Un militant agit et lutte pour une cause. Notre association se classe parmi les **associations** d'entraide qui valorisent l'**accompagnement**, favorisent le **lien social**. De premier abord, elle ne serait pas qualifiée de militante. Et pourtant… Elle agit dans des lieux où la **pauvreté** et l'**isolement** attaquent la vie, auprès de SDF ou de détenus vieillissants, aux côtés de personnes sans familles et amis dans les hôpitaux, dans les **Ehpad,** en services de soins palliatifs… À travers son action, elle lutte contre ce fléau qu'est l'isolement social des âgés. *« Non à l'isolement de nos aînés »* est bien un cri qui engage. À partir de ses liens tissés et des nombreux échanges entre bénévoles, personnes accompagnées et salariés, l'association construit une parole, un **plaidoyer** afin que ce fléau moderne de l'isolement social trouve des solutions concrètes au sein de notre société. Elle interpelle le **politique** et les pouvoirs publics. En 1997, dans un ouvrage qui a fait date, Jacques Ion parlait de *La fin des Militants*[10] ; l'époque de la mobilisation pour les grandes organisations idéologiques était derrière nous. En 2021, le militantisme renaît non plus pour promouvoir tel ou tel parti, mais pour défendre des causes essentielles pour le bien et l'intérêt de tous.

---

10. Ion, Jacques, *La fin des Militants*, éditions de l'Atelier, 1997.

Minima sociaux

Financées par la solidarité nationale, ces prestations sociales protègent les plus fragiles des risques de la **pauvreté** et de l'**exclusion** sociale et visent donc à assurer un revenu minimum garanti à une personne étant dans une situation de **précarité**. Cependant, ces minima sociaux (notamment le RSA) ne suffisent pas à vivre décemment. Aussi, nous soutenons activement la revalorisation de l'Allocation Adulte Handicapé et du minimum vieillesse afin de permettre aux plus **vulnérables** de nos **aînés** de vivre décemment. Malheureusement, les stéréotypes « du pauvre profiteur » imprègnent toujours l'imaginaire collectif et politique. La double peine ! Il est de notre devoir de nous faire les porte-voix des personnes que nous accompagnons pour lutter contre cette stigmatisation inacceptable.

Contre l'immobilisme, le défaitisme, le conformisme, le fatalisme et autres « ismes » qui font croire que rien n'est possible, s'élève la mobilisation comme une force de résistance. La capacité d'**associations** comme les Petits Frères des Pauvres, c'est de pouvoir fédérer, de faire converger les énergies, les **engagements**, les déterminations, les colères parfois, pour que ces confluents puissent former une mobilisation solide qui transforme profondément la société.

Cette union des forces et cette dynamique pour aller de l'avant sont indispensables pour s'attaquer aux causes profondes de l'**isolement** des personnes âgées. Par notre présence et nos actions sur le terrain, par notre capacité à **témoigner et alerter** les pouvoirs publics comme l'opinion publique, nous œuvrons chaque jour pour rendre vivante cette **mobilisation** et ainsi faire **changer le regard** sur la vieillesse.

Notre mobilisation est notre manière de porter des sujets parfois difficiles avec constance, courage et détermination pour que les personnes âgées ne soient plus privées de **lien social** et affectif. Qu'elles puissent vivre sereinement leur vieillesse. Notre mobilisation, c'est notre conviction en mouvement.

Mort sociale

300 000. Si ce chiffre correspond au nombre d'habitants de la ville de Nantes, il s'est révélé en 2017 être aussi le nombre de personnes de plus de 60 ans en état de « mort sociale », c'est-à-dire en situation de ne rencontrer quasiment jamais ou très rarement d'autres personnes. Cette vie recluse touche plus fortement les plus de 85 ans et les femmes. C'est le terrible constat que les Petits Frères des Pauvres ont rendu public lors de la sortie de leur premier baromètre sur l'**isolement** et la **solitude** des personnes âgées de plus de 60 ans en France[11].

L'expression « mort sociale » semble forte. Elle prend cependant tragiquement tout son sens si nous considérons les drames qui frappent les personnes âgées retrouvées mortes chez elles au bout de plusieurs semaines, mois, voire 11 ans ! Nous les appelons les **morts solitaires (kodokushi)**.

---

11. Source : « Solitude et isolement des personnes âgées de plus de 60 ans en France », rapport CSA pour Les Petits Frères des Pauvres, octobre 2017.

N O

Ne vous y méprenez pas. Choisir de mettre « nos » devant « **aînés** » n'exprime en rien la possessivité que cet adjectif induit. C'est tout simplement reconnaître aux personnes âgées une place dans le monde d'aujourd'hui, c'est admettre qu'ils nous ont précédés, qu'ils ont bâti cette société et que nous leur en sommes reconnaissants. C'est aussi réinsuffler cette conscience d'une continuité dans le temps, c'est créer du lien et du liant entre les générations au sein d'un même espace-temps sans les opposer ou les juxtaposer. C'est, enfin, un projet de société réellement fraternel où chacun a sa place et peut vivre le genre de vie à laquelle il attache de l'importance. C'est la société que nous voulons pour nos aînés aujourd'hui et pour chacun d'entre nous demain.

NUMÉRIQUE

Nés de l'industrialisation des processeurs et de l'ordinateur dans les années 1980, les techniques, usages et outils numériques ont, quarante ans plus tard, bouleversé notre société et le monde dans lequel nous vivons : une révolution numérique ! Industries, communications, travail, relations sociales, **territoires**… Le numérique et ses nouvelles technologies imprègnent aujourd'hui nos sociétés, jusqu'au cœur de nos foyers.
Au-delà des avancées qu'il permet, l'explosion du numérique pose de nombreuses questions **éthiques**, environnementales et sociales, en créant de profondes fractures aux conséquences parfois graves. C'est pourquoi nous avons alerté à travers la publication d'un rapport[12] sur le phénomène de **fracture numérique,** facteur aggravant d'isolement pour 4 millions d'aînés.

---

12. Source : « L'exclusion numérique des personnes âgées », rapport CSA pour Les Petits Frères des Pauvres, octobre 2018.

« OK, boomer »

Popularisée en 2019 sur le web, l'expression « *OK, boomer* » est fréquemment utilisée par les jeunes générations sur les réseaux sociaux pour répondre avec ironie aux critiques, perçues comme condescendantes ou caricaturales, de la génération des baby-boomers (nés entre 1945 et 1965 environ) envers la génération Y (nés entre 1980 et 2000) et surtout la **génération Z** ou *Millenials* (nés à partir de l'an 2000).

« *OK, boomer* » est aussi utilisé pour tourner en dérision des positions ou attitudes des baby-boomers jugées passéistes, immobilistes ou déconnectées des réalités actuelles. Parfois dénoncé comme une manifestation d'**âgisme** et de dénigrement de la parole des **aînés**, « *OK, boomer* » dénote une opposition entre les générations. L'impact des conséquences économiques et sociales de la crise sanitaire a parfois généré des discours dans les médias et sur les réseaux sociaux qui opposent les souffrances des **jeunes** à celles des aînés.

L'enjeu est de déconstruire ces discours d'opposition pour défendre la richesse des liens entre les générations. Car, oui, ils existent! Malgré la crise sanitaire, nous avons assisté à un sursaut d'**engagement** en 2020 et de nombreux jeunes citoyens, ayant pris conscience de l'**isolement** des personnes âgées, ont ressenti le besoin d'agir et ont souhaité nous rejoindre.

P

Fondateur de l'association, Armand Marquiset fut sans doute l'un des pionniers du *fundraising*[13] français. Pour financer ses actions, il sollicitait régulièrement son cercle proche. La collecte de fonds, si nécessaire au développement de l'action, a poussé ceux qui lui ont succédé à diversifier les moyens de collecte et l'approche du partenariat.

Les Petits Frères des Pauvres ont poursuivi cet élan en développant le lien avec les entreprises. Mais le partenariat ne se résume pas à la recherche de ressources financières. Pour déployer notre **projet associatif**, le travail avec l'ensemble des partenaires d'action est essentiel. Nous défendons l'idée que nous ne pouvons lutter efficacement contre l'**isolement** social que par une synergie d'acteurs. Par expérience, toute action ne peut se mener qu'en lien avec les mairies, CCAS, coordinations gérontologiques, professionnels de la santé, établissements, aides à domicile, tissu associatif local … Cette quête de partenaires pluriels apporte de belles surprises. L'une d'entre elles s'est révélée tout au long de la pandémie de la Covid-19. L'élan de générosité exceptionnel dont nous avons été témoins a permis de réunir autour de notre cause des soutiens essentiels. Des partenariats se sont noués avec des entreprises, mais aussi des acteurs de terrain qui ensemble ont permis de soutenir la continuité et le développement de nouvelles actions. La **fraternité** en action n'est pas un vain mot !

13. Collecte de fonds.

Participation des personnes

De l'information à la consultation, en passant par la co-construction et enfin la co-décision, différents niveaux de participation existent. L'ONU définit la participation des personnes comme un droit fondamental en soi qui doit permettre aux personnes de faire face aux inégalités et aux asymétries sociales de pouvoir. Il s'agit de reconnaître les personnes comme actrices à part entière des politiques ou projets qui leur sont destinés.

Pour proposer une place à ceux qui en étaient exclus jusque-là, pour leur (re) donner la parole, il convient au préalable de les reconnaître comme détentrices de savoirs expérientiels.

Depuis 2017, les Petits Frères des Pauvres ont placé au cœur de leur **projet associatif** le développement de la participation des personnes accompagnées. Différentes modalités ont été imaginées pour que les personnes âgées puissent mieux exprimer leurs attentes, se prononcer sur la qualité de l'**accompagnement**, participer activement aux rencontres associatives ou encore aux assemblées générales. Nous tâchons ainsi de rendre effectif un véritable pouvoir d'agir.

Condition d'une personne qui manque de ressources, de moyens matériels, culturels ou de position sociale, l'excluant ainsi des modes de vie acceptables de notre société, la pauvreté est multidimensionnelle. Elle condamne à survivre péniblement au jour le jour. Elle accentue un sentiment de honte, d'**isolement** et de **repli sur soi**, ce qui renforce à son tour la **vulnérabilité** et la **précarité** des personnes.

La pauvreté purement matérielle est liée au concept de « seuil minimum » au-dessous duquel une personne est considérée comme pauvre (en France, celui-ci correspond à 60 % du revenu médian). C'est pourquoi notre association milite pour la revalorisation des **minima sociaux** qui, actuellement, maintiennent encore toutes les personnes sous le seuil de pauvreté. Pour lutter contre les différentes formes de pauvreté, nous soutenons financièrement les personnes dans le besoin, nous leur proposons des lieux de vie dignes et adaptés, nous leur permettons de vivre des **vacances** « comme tout le monde ». Nous réaffirmons leur place pleine et entière dans notre société.

Perte d'autonomie

Consubstantielle à la dépendance de l'être humain, l'autonomie n'est autre qu'une façon de pouvoir vivre dignement avec ses dépendances. En d'autres termes, l'autonomie ne doit pas être considérée comme antinomique de la **dépendance**. Si la perte d'autonomie est à la dépendance ce que le malentendant est au sourd, entend-il mieux pour autant sous cette appellation ? La différence, même ténue, est d'importance.

Partant du principe que nous ne perdons jamais totalement notre autonomie, nous préférons ne pas parler d'incapacité, mais de capacité à s'adapter pour être autonome. Il s'agit de repérer celles qui ne peuvent être réalisées sans aide afin de mettre en place les aides palliatives. Ainsi, de même que tout malentendant ne souffrira pas de la même surdité et aura besoin d'un appareillage adapté, chaque personne en perte d'autonomie a besoin d'une aide, matérielle ou physique qui lui est propre, fonction de ses besoins, de ses désirs et de ses propres priorités.

Lutter contre la **fracture numérique** des personnes âgées, militer contre la **précarité** en défendant un minimum vieillesse à hauteur du seuil de pauvreté, dénoncer la **marchandisation du lien social** et favoriser l'**engagement** citoyen… autant d'actions et prises de position visant à influencer les décideurs politiques pour agir en faveur des **aînés** et à inciter l'opinion publique à **changer de regard** sur la vieillesse.

Le plaidoyer des Petits Frères des Pauvres est une composante de notre troisième mission sociale, « **Témoigner et alerter** », résolument tournée vers l'extérieur. Il s'appuie sur des témoignages de personnes accompagnées par l'association et sur l'analyse des actions menées par les équipes bénévoles. Depuis 2017, les Petits Frères des Pauvres publient chaque année un rapport sur l'**isolement** des personnes âgées en France. Notre premier baromètre sur l'isolement a révélé que plus de 300 000 personnes âgées souffraient de **mort sociale** en France.

Attentifs à l'actualité et aux débats sociaux, nous avons pris position sur la situation des résidents d'**Ehpad**, avons été consultés dans le cadre de la mission relative à la lutte contre l'isolement des personnes âgées et fragiles en période de **confinement** et alertons régulièrement sur les situations qu'ils jugent inacceptables.

Pour **sensibiliser** la société à l'isolement des personnes âgées, l'**association** mène chaque année des campagnes de sensibilisation dans les médias et sur les réseaux sociaux pour éveiller les consciences de l'opinion publique et favoriser l'**engagement** et la **mobilisation** citoyenne.

Politique

Il arrive parfois que la légitimité de notre **association** à interpeller les pouvoirs publics soit interrogée par des acteurs internes ou des donateurs fidèles. Dénoncer des politiques publiques est-il contradictoire avec le statut d'association sans appartenance politique ? Se revendiquer comme telle ne signifie pas que l'on doive rester muets et ne pas questionner les politiques. Ces actions d'interpellation ne sont ni orientées vers un groupement politique en particulier, ni à caractère partisan. Elles n'ont qu'une ambition : interroger les choix et les mesures jugées par l'association comme allant à l'encontre des valeurs que nous défendons. Notre rôle, comme celui de nombreuses autres associations, ne peut plus seulement s'incarner dans une approche caritative en agissant sur les effets de l'**isolement**, mais en agissant également sur ses causes. Cette vocation est d'ailleurs présente dans nos textes fondamentaux. Ils nous rappellent que notre histoire partagée avec les personnes en difficulté nous confère le devoir de témoigner des situations inacceptables, de proposer des réponses et d'alerter sur la nécessité d'agir. Notre mission sociale « **Témoigner et alerter** » nous invite, en tant qu'acteurs du dialogue civil, à prendre part au débat public en nous impliquant dans les débats du monde associatif et à interpeler les pouvoirs publics pour peser sur les évolutions de notre société et les anticiper.

C'est le combat des **associations** et une triste réalité pour des millions de Français.

La précarité renvoie à la perte d'une ou plusieurs des sécurités (emploi, ressources, vie sociale, familiale, culturelle, logement, santé) qui permettent d'avoir un certain équilibre et d'assumer les obligations familiales et sociales tout en jouissant de droits fondamentaux. On parle de « grande précarité » lorsqu'elle affecte plusieurs domaines et qu'elle devient persistante.

La précarité est le résultat d'un enchaînement d'expériences et de ruptures qui débouchent sur des situations de fragilisation. Ces insécurités importantes dans la vie quotidienne accroissent fortement la **vulnérabilité** des personnes face aux événements, limitant leur capacité de « rebondir » seules face aux péripéties de l'existence. Tous les êtres humains, de la naissance à la mort, ont sans cesse besoin d'être en lien avec les autres pour vivre, faire face aux difficultés de la vie et s'épanouir.

Projet associatif

Le projet associatif constitue la stratégie à moyen ou long terme d'une **association**. Il indique les voies et les moyens à adopter pour atteindre des buts fixés. Facile à dire! Plus difficile à mettre en œuvre! Le projet associatif promeut une **mobilisation** large des citoyens via un **engagement** bénévole pour construire du lien avec tous les **aînés** qui en sont privés. Il oriente toutes les actions de l'association autour de trois grandes missions: l'attention aux personnes par une **écoute** de leurs demandes, de leurs besoins, de leur désir, l'attention à toutes les formes possibles d'engagement et la structuration d'une parole associative forte. L'association, à travers son action et sa force de mobilisation, veut peser sur les politiques publiques pour construire et promouvoir une société du lien.

C'est la vie dans toute son essentialité, sa simplicité, c'est-à-dire ce qui compte réellement : se sentir considéré, aimé, acteur. Vivre, tout simplement !

Elle illustre la capacité des bénévoles à littéralement redonner vie aux personnes qu'elle accompagne. La notion de vie ne traduit évidemment pas ici les fonctions vitales, mais bien la vie dans le sens social et psychologique du terme : l'action, le(s) plaisir(s), le lien, le partage, la joie, le rôle retrouvé dans la société, etc. La pulsion de vie représente avant tout une dynamique, un transfert d'énergie, un changement d'état, une évolution. Parce que les Petits Frères des Pauvres n'abordent pas la vieillesse comme un tout homogène, ils s'attachent à respecter chaque personne dans son identité propre, son caractère, son histoire. Son âge, sa **précarité** ne changent rien à son individualité. Elle reste ce qu'elle était plus jeune !

Être heureux, avoir une « bonne vie », tout le monde peut se rejoindre sur cette aspiration. Mais sur ce qui constitue ces états, il y a discussion. Selon l'OMS, il s'agit de la perception qu'a un individu de sa place dans l'existence, dans le contexte de la culture et du système de valeurs dans lesquels il vit, en relation avec ses objectifs, ses attentes, ses normes et ses inquiétudes. La qualité de vie au sens du « bien-être », « du vivre-ensemble » part de la perception qu'a un individu sur son environnement de vie.

Aussi, la qualité de vie s'appréhende de façon multidimensionnelle à travers la **santé**, la sociologie, l'économie, la philosophie, la spiritualité et, surtout, par le regard de l'individu qui est interrogé. La qualité de vie, si elle est une quête pour le progrès du bien-être et du vivre-ensemble, doit nous amener, tout comme la bientraitance, à s'interroger sur l'ambiance dans laquelle vivent les personnes âgées et dans laquelle la personne dit vivre.

QPV

Cet acronyme a pour vocation de désigner les **territoires** urbains les plus en difficulté : les « quartiers politique de la ville ». Il prend le relais en 2015 d'autres appellations tout aussi fleuries : ZUS, ZRU, ZFU, créées dans les années 1980 qui voient les débuts de la politique de la ville.

Ce label est à la fois un sésame vers des aides publiques renforcées pour ces quartiers, notamment en matière de rénovation urbaine, et un marqueur d'opprobre médiatique et sociale. Ils sont près de 1 300 en France métropolitaine.

Sur 4,8 millions d'habitants en QPV, les plus de 60 ans sont aujourd'hui aussi nombreux que les 15-24 ans[14], ce qui est une nouveauté. Ils sont plus de 750 000 à y vivre. Ils habitent essentiellement dans un parc HLM qui n'a pas été pensé et conçu pour accompagner le **grand âge**, où de nombreuses activités sont avant tout tournées vers la jeunesse. Vieillir en QPV, ce n'est donc pas chose aisée !

Habiter en QPV, c'est aussi habiter des territoires sensibles, souvent associés à l'image de la banlieue et de ses problèmes, réels ou fantasmés : insécurité, chômage, précarité… Les habitats urbains denses mettent à mal les solidarités et amoindrissent les relations de voisinage[15] et les QPV n'y échappent pas, même si l'entraide reste de mise malgré les nombreuses problématiques sociales et économiques auxquelles font face les habitants. La difficulté peut parfois rapprocher et être créatrice de **lien social** dans ces territoires où la diversité culturelle est une richesse.

---

14. Source CGET, 2017.
15. Source : rapport Petits Frères des Pauvres, « Isolement et territoires », 2019.

Quotidien

Temps inéluctable de la vie où chacun est confronté à ses habitudes, le quotidien est aussi une qualification sémantique du rythme de vie. La quotidienneté peut générer autant de « sécurité » (besoin de repères) que de détresse, de monotonie voire d'ennui, de **solitude** ou encore de « diversités ».

Dans l'**accompagnement** des Petits Frères des Pauvres, le quotidien est avant tout compris au regard du vécu de la personne : ce qu'elle nous en dit pour pouvoir, peut-être, mieux intégrer ses besoins, ses attentes et ainsi favoriser sa participation et son libre arbitre.

Pour citer ainsi René Ouvrard : « *La vie est faite de ces petits bonheurs quotidiens dont on se lasse, dont il faut être privé pour apprécier la valeur… * »

R

Dans notre société ultra connectée, le repli sur soi frappe de plus en plus de concitoyens. Pourquoi cette tendance à s'isoler des autres ?

Mécanisme de défense, le repli sur soi permet d'échapper à une réalité douloureuse qui n'est pas comparable au besoin momentané d'être seul pour se ressourcer. À l'origine de ce repli, une faible estime de soi, un complexe d'infériorité, un sentiment d'inutilité, de rejet du corps social. De quoi interroger sur l'humanité de notre société.

Or, les interactions sociales sont un besoin vital et ce repli est un signe de souffrance qui peut conduire à une dépression, voire au **suicide** lorsque celle-ci n'est pas identifiée. Peu le savent, mais les personnes âgées constituent la population la plus à risque de décès par suicide. Pour nous, ces situations sont inacceptables.

Prenons soin de ne pas banaliser l'expression de ce mal-être. Prenons le temps d'écouter la personne sans chercher à vouloir la consoler à tout prix. Il est en effet important qu'elle puisse partager ses émotions, même négatives. Cela lui permet de se sentir accueillie pleinement dans ce qu'elle traverse. Par notre capacité d'**écoute**, d'accueil et de non-jugement, nous contribuons à aider la personne âgée à rompre avec la spirale mortifère du repli sur soi.

REPRÉSENTATION

Accumulation de croyances que l'on juge vraies, les représentations collectives partagées concourent à construire une réalité autour d'un sujet, à l'échelle d'une société.

Aujourd'hui, la représentation sociale de la vieillesse est sombre et abordée comme un problème. Au niveau individuel, elle est la perte (des capacités, de l'autonomie, du libre choix, de la bonne santé) et au niveau collectif, elle est le fardeau (poids économique, financement de la dépense, de la maladie) qui pèse sur les autres générations.

Le risque de ces représentations incapacitantes est que les individus les intériorisent, les reconnaissent comme vraies, ce qui progressivement les conduit à un repli sur soi, à un isolement social, à une situation de souffrance morale inacceptable.

Par l'émergence de nouvelles représentations de la vieillesse, nous pouvons faire évoluer les mentalités puis les manières de se comporter les uns envers les autres. En regardant la vieillesse comme le **dernier quart** d'une vie qui a été longue, nous pouvons encore la nourrir, la rendre joyeuse, parfois l'adoucir et ce, **jusqu'au bout de la vie**.

Les mots ont leur importance. Celui-ci en est un exemple criant. Si la retraite marque la fin du temps où l'on travaille, ce « retirement » marque *in fine* une transition d'un statut social à un autre, une étape dans notre vie sociale avec ce que cela comporte de questionnement existentiel. Le choix de nommer cette période de la vie « retraite » contribue à véhiculer l'idée que l'on se retire du monde, que l'on devient un « inactif » avec peut-être, en creux, le sentiment d'inutilité sociale.

Or, ce temps fait partie de notre chemin de vie. La retraite n'est pas monolithique : elle présente des variétés multiples parce qu'elle se vit, s'investit, se conçoit, s'appréhende au regard de la trajectoire de chacun.

La retraite fait débat à travers son coût financier et sa « gestion des âges ». La réforme des retraites n'est pas la réforme de « la retraite », mais celle de son financement. Si celui-ci doit faire l'objet d'une adaptation, la retraite en tant que temps de notre vie questionne avant tout le **vieillissement** de la population, notre relation aux temps et le « **bien-vieillir** ». Notre association a un devoir d'agir pour la reconnaissance de ces citoyens qui vieillissent et deviennent, trop souvent, invisibles.

Reste à vivre

109 € par mois! C'est la somme minimum que vous laisse la collectivité en sollicitant l'Aide Sociale à l'Hébergement si vous n'avez pas les moyens de payer vos frais en **Ehpad**. 109 € pour une coupe chez le coiffeur ou des produits d'hygiène, un café à partager, un cadeau à offrir… Des petits plaisirs qui rendent le **quotidien** plus joyeux. Pas de quoi faire des folies! Reste à vivre ou Reste pour vivre? Nous préférons sans hésitation cette dernière appellation qui lui confère tout son sens: cette somme, quoique modique, a une grande importance pour vivre libre, une fois les charges courantes de la vie déduites. On en parle peu, comme si, passé un certain âge, on n'avait plus ni désir ni **dignité**.

La robotique de services devrait représenter 80 % du marché global de la robotique d'ici 2025[16] dont plusieurs milliards d'euros qui concerneront l'assistance à la **perte d'autonomie** au sein de la **Silver Économie**. Si elle peut venir en soutien aux aides-soignants dans les **Ehpad** (aide au transfert d'un patient, un rôle d'animateur auprès des aînés), la robotisation pourrait aussi contribuer au maintien à domicile des plus âgés (vérifier la prise de médicaments, un soutien à l'aidant…).

Néanmoins, des entreprises réfléchissent et développent déjà de nombreux robots pour venir répondre spécifiquement à l'**isolement** et à la **solitude** de personnes âgées : les robots pourront tenir alors un rôle social de compagnon pour la personne souffrant d'états de dépression, de solitude.

Les Petits Frères des Pauvres alertent depuis de nombreuses années sur le phénomène de **marchandisation du lien social**. Les outils numériques et technologiques ne peuvent venir se substituer au besoin essentiel de lien social humain, ni venir remplacer le personnel soignant. La robotisation, c'est aussi un coût non négligeable et la crainte d'une société à deux vitesses avec l'accroissement des inégalités entre ceux qui pourront financer l'achat d'un robot et les plus fragiles, les plus précaires, qui ne pourront se l'offrir.

---

16. Estimation Erdyn.

S

« *À 80 ans, 'comment vas-tu' n'est plus une formule de politesse, c'est une question médicale »*[17]. L'OMS évoque « *un état de complet bien-être physique, mental et social, [qui] ne consiste pas seulement en une absence de maladie ou d'infirmité* ». C'est à cette approche de la santé globale, associée à la notion de bien-être, à laquelle les Petits Frères des Pauvres adhèrent.

On peut être **vieux** et en bonne santé, physiquement diminué mais rempli d'énergie, de vie, de désirs et d'ambitions. Inversement, on peut souffrir d'une pathologie invalidante qui ne fait pas perdre sa **joie de vivre** pour autant. Les personnes âgées sont en capacité de recouvrer cette **pulsion de vie** si on les accompagne, si on les entoure.

Accompagner, c'est donc aussi savoir **écouter** ce que nous disent les personnes âgées de leur crainte d'une santé qui se dégrade. Depuis toujours, nous nous engageons auprès des aînés pour favoriser leur bien-être, les aider à trouver un parcours de soins adapté, les encourager à se tourner vers des activités qui favorisent une meilleure inclusion, les épanouissent y compris lorsque les personnes sont situation de **perte d'autonomie**.

---

17. in Pivot, Bernard, *Mais la vie continue, éditions du Seuil, 2020.*

Sensibiliser

« *Rendre quelqu'un, un groupe sensible, réceptif à quelque chose pour lequel il ne manifestait pas ou peu d'intérêt* ». C'est ce que nous visons à travers cet Abécédaire !

Il s'agit d'inciter la société à **changer de regard** sur la vieillesse. Sensibiliser l'opinion publique, les individus, la société dans son ensemble à la cause de la **solitude** et de l'**isolement** des personnes âgées.

La sensibilisation est l'une des composantes de notre mission sociale « **Témoigner et alerter** ». Par nos actions, nous défendons la parole des personnes que nous accompagnons, nous leur permettons de prendre part au débat public sur les questions qui les concernent. La crise de la Covid-19 et son impact médiatique ont largement contribué à la prise de conscience de la situation des personnes âgées par une population qui a elle-même vécu les effets du **confinement** et la rupture des liens sociaux. Mais demain ? Nous sommes convaincus que le changement de regard sur la vieillesse doit passer par cette transformation rendue possible par l'acte de sensibiliser.

Une personne âgée deviendrait-elle un être vivant asexué dépourvu de désirs affectifs jusqu'à être réduite à un objet de soin ? Abraham Maslow comme Virginia Henderson nous rappellent que vivre pleinement sa sexualité, ses désirs et ses relations affectives sont des besoins fondamentaux pour chaque personne[18]. Le respect de l'intimité, de la vie affective et sexuelle, quelle que soit son orientation sexuelle, sont des droits qui ne s'altèrent pas avec l'avancée en âge. Or, désirs et sexualité(s) sont des sujets particulièrement **tabous** lorsque l'on évoque les personnes âgées. Ce regard nie la qualité intrinsèque de la personne qui, parce qu'elle est âgée, serait dépourvue de désirs affectifs. Il va sans dire que cette vision altère profondément l'estime de soi. Reconnaître le désir de vivre de la personne, c'est lui reconnaître la possibilité d'exprimer ses désirs (affectifs et sexuels). Nous devons permettre aux personnes d'aujourd'hui et de demain de vivre leur **vieillissement** dans des conditions d'épanouissement respectueuses de leurs besoins affectifs.

---

18. Selon la pyramide des besoins, ou dite pyramide de Maslow, représentation de la hiérarchie des besoins de l'être humain.

SILVER ÉCONOMIE

Filière économique englobant un large panel de services technologiques destinés aux personnes âgées. Les Petits Frères des Pauvres sont favorables à l'utilisation des nouvelles technologies quand elles correspondent aux attentes et aux besoins des aînés. En revanche, ils sont opposés à toute forme de **marchandisation du lien social** et dénoncent régulièrement l'utilisation de la lutte contre l'**isolement** comme argument marketing pour vendre des produits et services souvent onéreux. La seule réponse à l'isolement est une réponse humaine, avec des échanges d'égal à égal, sans contrepartie.

L'accès aux soins palliatifs est un droit depuis 1999, mais il n'est malheureusement effectif qu'à 45 % (moins d'un patient sur deux) faute notamment de moyens et de formations du personnel.

Les soins curatifs sont des traitements administrés en vue de soigner une maladie. Lorsque celle-ci devient grave, évolutive ou terminale, certains symptômes ne peuvent plus être guéris. La mise en place de soins palliatifs permet alors de soulager les douleurs et les inconforts dans une approche globale de soin offert à la personne. La souffrance psychique, les besoins spirituels ou sociaux sont totalement pris en considération. L'équipe soignante est interdisciplinaire et inclut la présence de bénévoles d'**accompagnement** qui se rendent présents auprès des personnes gravement malades ou en **fin de vie**.

Notre **association** compte parmi ses équipes, des **bénévoles** engagés dans ces accompagnements. L'association entend promouvoir la diffusion de la culture palliative dans la société et défend l'effectivité du droit d'accès à ces soins quel que soit le lieu de vie des personnes.

Solidarité

Solidaires, nous le sommes de tous nos **aînés** qui vivent difficilement la **solitude**, et que nous rencontrons tout au long de l'année. Les Petits Frères des Pauvres, une **association** de solidarité? Bien sûr! Ses 13 000 bénévoles (dont 30 % de jeunes de moins de 30 ans!) le sont activement. Solidaire est un terme qui évoque le lien, c'est le projet de l'association : retisser du **lien social** pour faire reculer l'**isolement** particulièrement celui de nos **aînés**.

Jusqu'au milieu du XXe siècle, les associations qui portent secours à des personnes en difficulté sont dites caritatives. Le mot charité (*caritas* traduction latine du beau mot grec *agap* désignant l'amour gratuit) est à cette époque dévalorisé. Peu à peu les organisations d'entraide préfèrent le terme de solidarité. Pour notre association la question de la dénomination reste ouverte, attachée à la **fraternité** ; nous sommes conscients que la solidarité a tenté de la remplacer dans l'histoire politique de notre pays.   Les trois valeurs qui nous caractérisent – solidarité, fraternité et charité – se mêlent. Les Petits Frères des Pauvres veulent être proches des plus pauvres pour construire avec eux une société ouverte, « inclusive », fondée sur du lien, sur la participation de chacun dans un rapport d'échange réciproque et gratuit.

Mal du XXIᵉ siècle. Aujourd'hui en France, 7 millions de personnes souffrent de solitude, soit 14 % des Français, contre 9 % en 2010. Si l'isolement relationnel gagne du terrain et s'étend à toutes les catégories de population, il touche en particulier les personnes âgées, plus **vulnérables**. 1 personne âgée sur 3 est en situation d'**isolement**, 300 000 d'entre elles sont en situation de **mort sociale**[19].

La solitude d'une personne âgée a des répercussions directes sur son bien-être et sa **santé**. Ennui, perte d'estime de soi, troubles du sommeil ou de l'appétit, syndrome de glissement accrus, risque de dépression voire **suicides**, la solitude tue autant que le tabac ou l'obésité. La crise sanitaire de la Covid-19 a clairement mis en évidence l'extrême fragilité des personnes âgées isolées. Elle a permis une prise de conscience de l'impact de la solitude sur le bien-être et le plaisir de vivre. Afin que les enseignements de cette triste période ne soient pas oubliés, les Petits Frères des Pauvres se mobilisent chaque jour et militent pour une société plus fraternelle envers nos aînés, une société qui soit capable de transformer une prise de conscience en un changement de regard profond et pérenne.

---

19. Source : rapport des Petits Frères des Pauvres, octobre 2017.

SUICIDE

C'est un mot douloureux. Le chiffre qui suit l'est plus encore : chaque année, environ 3 000 personnes âgées se donnent volontairement la mort en France. « Les 60 ans et plus » sont la population la plus à risque de décès par suicide. Dans l'indifférence générale.

Que faut-il comprendre lorsqu'un de nos **aînés** dit : « *J'en ai marre de la vie* » ? Qu'il est normal d'être rassasié de jours une fois **vieux** ? Cette lassitude de vivre est-elle acceptable ? En réalité, ce qu'il faut y entendre est : « *Ma vie compte-t-elle encore pour quelqu'un ?* », « *Ne suis-je pas un poids pour vous tous ?* ». Gardons à l'esprit que la souffrance individuelle ici exprimée est irriguée des messages d'une époque qui déconsidère la **vieillesse** et la **vulnérabilité**. Savoir **écouter** la personne dans ses intentions suicidaires (et cela ne la fera pas mourir !), savoir adoucir son **quotidien** en nourrissant ce qui reste de forces de vie en elle, c'est ce que nous faisons au sein de l'**association**. C'est précisément ainsi que nous pouvons lutter contre ce fléau, aujourd'hui reconnu comme un véritable problème de santé publique.

T

La mort, la maladie, la sexualité… Autant de tabous qui entourent les plus vieux de nos concitoyens. Le tabou correspond à la liste non exhaustive de tous ces sujets que nous préférons taire et censurer, car ils viennent nous heurter en s'attaquant au caractère sacré de l'existence.

La sémantique de « tabou » renvoie directement à ce qui est interdit, « sacré ». Une définition plus générale du mot fait son apparition au début du XXe siècle, le qualifiant comme « *ce sur quoi on fait silence, par crainte et pudeur* ». Dès lors, dans notre société occidentale, les grands tabous portent principalement sur le corps, la **sexualité** et la mort. Difficile d'en parler, d'y penser même. Il est compliqué de parler de la mort quand il est déjà si difficile d'envisager de vieillir dans une société qui aspire à la jeunesse éternelle.

Là se trouve le réel danger du tabou : il nous enferme, stigmatise. Il rend invisible le sujet ou il véhicule des idées fausses. Il nous empêche surtout de bien nous préparer. Lever le tabou, c'est nous sortir de l'ignorance pour être en mesure d'**agir collectivement**.

TÉLÉMÉDECINE

En 2009, la loi dite « HSPT »[20] initie la télémédecine. Ce vocable englobe plusieurs types d'actes : la téléconsultation, la télé-expertise, la télésurveillance, ou bien encore la téléassistance, qui permet à un professionnel de santé de se faire assister d'un confrère lors d'un acte ou d'une consultation. Balbutiante sur les dix années qui suivirent la promulgation de cette loi, la télémédecine entre dans une ère nouvelle avec la pandémie de la Covid-19. Il existe encore de nombreux obstacles à son développement, de l'appropriation des technologies par les professionnels de santé aux difficultés techniques comme la couverture Internet, par exemple.

Si la télémédecine constitue un progrès important dans le droit à la **santé** pour tous, deux écueils doivent être impérativement évités : celui de la sécurité liée au traitement des données et à leur préservation des logiques marchandes, ainsi que celui du non-remplacement des professionnels de proximité, notamment des médecins généralistes par ce seul substitut. La télémédecine doit être l'alliée d'un corps médical dont la présence physique doit être équitable sur l'ensemble du territoire.

---

20. Loi Hôpital, Patient, Santé, Territoires.

Permettre aux personnes accompagnées qui le souhaitent de prendre la parole dans l'espace public ; prendre la parole dans les médias ou interpeler à travers une tribune ; rencontrer des élus du territoire, des représentants des ministères ; publier chaque année un rapport de référence sur un thème lié à l'isolement ; être mobilisé à l'occasion de la Journée internationale des personnes âgées, le 1er octobre ; éveiller l'opinion publique sur la cause des personnes âgées par nos campagnes de sensibilisation… Autant d'actions qui illustrent la troisième mission sociale des Petits Frères des Pauvres.

Si accompagner, c'est agir sur les effets de l'**isolement** auprès des personnes que nous accompagnons, Témoigner et alerter, c'est agir sur les causes de l'isolement. Tournée vers l'externe, cette mission se décline auprès du grand public et auprès des décideurs en proposant des solutions préventives comme curatives.

À travers la transformation des expériences individuelles (observations des situations rencontrées) en expertise collective (analyse, réflexion, prospective, préconisations), nous sommes donc légitimes à témoigner et alerter dans un but de contribuer à la **sensibilisation** de l'opinion en faveur des personnes fragilisées et peser sur les politiques publiques.

TERRITOIRES

Un concept entre deux disciplines : géographes et sociologues travaillent les uns et les autres sur la notion de territoires. Un terme qui peut paraître éloigné des préoccupations des Petits Frères des Pauvres, et pourtant…

Le but de l'association est de lutter contre l'isolement des **aînés** en développant du lien. Ces liens s'incarnent, s'ancrent dans le concret de l'existence. Une personne en situation d'**isolement** se **replie sur elle-même** et perd peu à peu le contact avec son environnement. Avec l'avancée en âge ses possibilités de déplacement se réduisent. Lorsque **solitude** et **perte d'autonomie** se conjuguent, la personne perd progressivement ses capacités et devient **invisible**. Le lien humain lui permet de retrouver un territoire de vie, de reprendre possession de son espace, d'habiter des lieux en fonction de ses capacités.

Les équipes de l'association se nomment équipe d'action territoriale, et ce n'est pas un hasard. Leur nom signifie que la relation s'incarne en des lieux. Elle est structurante de l'espace. Ensemble, nous souhaitons que les aménageurs des collectivités organisent le territoire afin qu'il soit habitable pour les **vieux**, avec des commerces proches, des services accessibles, des chaussées sûres, des bancs ombragés[21] … Afin qu'ils ne soient plus jamais invisibles !

---

21. Source : rapport Petits Frères des Pauvres, « Solitude et territoires », octobre 2019.

U

Ubérisation de la société

Néologisme tiré du nom de l'entreprise Uber qui a généralisé à l'échelle planétaire un nouveau service de réservation de voiture avec chauffeur. Née dans le secteur des transports de personnes et de l'hôtellerie, l'ubérisation tend à se développer dans de nombreux secteurs, non sans controverse (conséquences sociales, juridiques, économiques).

Le développement des nouvelles technologies dans le domaine de la **Silver Économie** et des services à la personne, en parallèle à l'ubérisation de la société, peut faire craindre une tendance à la **marchandisation du lien social** à travers des plateformes numériques : aux États-Unis, pour répondre à l'isolement, des applications proposent déjà de « louer un ami ».

Nous dénonçons régulièrement, à travers nos prises de parole, la marchandisation du lien social et le développement d'entreprises promettant, contre abonnement à un service payant, d'apporter du **lien social**. L'**isolement** de **nos aînés** ne doit en aucun cas être un argument marketing, et aucun service n'aura la valeur d'une relation désintéressée.

Utilité sociale

En ces temps de rareté de la ressource financière, et alors que les financeurs privés prennent de plus en plus le relais des pouvoirs publics, nous observons un glissement sémantique : l'utilité sociale tend de plus en plus à se substituer à l'utilité publique. Les **associations** comme la nôtre sont désormais sommées de démontrer la valeur ajoutée de leur action. Pour les organismes tels que le nôtre, bénéficiant de la générosité du public depuis leur fondation, l'utilisation parcimonieuse des fonds issus des dons et legs fait partie de notre questionnement **éthique**.

C'est donc assez naturellement que les Petits Frères des Pauvres se sont lancés en 2018 dans une étude de « mesure d'impact social » dont l'objectif était d'objectiver la différence induite par l'action des **bénévoles**. Verdict : notre action permet de réduire le sentiment de **solitude** des personnes accompagnées qui en souffrent. Oui, l'action des Petits Frères des Pauvres est utile à la société. Nous le savions, nous pouvons désormais le prouver.

Convaincus de l'utilité de cette démarche, nous travaillons avec d'autres associations pour avoir une approche commune de l'utilité sociale et démontrer la valeur ajoutée du modèle associatif français. Sa particularité nous incite déjà à modifier le langage : nous préférons parler « d'empreinte sociale », convaincus du besoin d'inscrire notre action dans le temps et de la placer au croisement de plusieurs enjeux dont le premier est la qualité de l'**accompagnement** des personnes.

V W

On les attend, on les prépare, on les vit pleinement. Et ensuite, on s'en souvient et on en parle. Les vacances! Un projet de départ, un projet de rencontres, un temps différent qui permet de changer d'horizon, de se ressourcer, de se régénérer, de s'aérer l'esprit. Une échappée nécessaire de son **quotidien**. Un temps réservé aux seuls travailleurs harassés? Pas du tout! Les vacances sont un droit pour tous!

Dès les origines de l'association, des séjours sont organisés dans les « châteaux du bonheur », permettant ainsi à des personnes âgées de vivre des temps forts ensemble. Aujourd'hui encore, les équipes de **bénévoles** se lancent de vrais défis dans un seul but: faire vivre de vraies vacances aux personnes accompagnées. Se faire plaisir, bien manger, voir la mer parfois! La créativité des bénévoles, la joie d'être ensemble, les bienfaits des vacances sur l'état de **santé** global des personnes âgées sont incontestables. C'est, à bien des égards, une expérience inoubliable pour tous ceux qui y participent.

Vieillissement

La vieillesse renvoie à la dernière période de la vie humaine, alors que le vieillissement est un processus d'évolution (physique, physiologique) que l'on utilise tant pour parler d'un individu qui avance en âge que d'une population.

À l'origine de tensions au sein de notre société lorsque nous évoquons son coût à travers le financement des régimes de **retraites** ou le poids des dépenses de **santé**, le vieillissement est abordé par un prisme négatif qui peut conduire à réduire les personnes âgées à une charge économique. Ce discours dévalorisant conduit à fragmenter le corps social en opposant les **générations** entre elles, alors que nous sommes tous engagés dans un processus de vieillissement.

De même, le concept du « vieillir en santé » (développement et maintien des aptitudes fonctionnelles qui favorisent le bien-être pendant la vieillesse) devient une exhortation, en plus d'être déjà un enjeu à fortes résonances économiques. Aussi, l'association a un devoir d'alerte afin que « vieillir en santé » ne renforce pas l'**exclusion** des **aînés** les plus touchés par la maladie ou la dépendance. Nous lui préférons le « *réenchantement de la vieillesse* »[22].

---

22. Michel Billé et Christian Gallopin, José Pollard.

VIEUX

Qu'on le prononce avec affection, avec une pointe d'infantilisation ou avec mépris, le mot « vieux » est émotionnellement chargé. Il dit quelque chose de celui qui le prononce. Certains lui préfèrent « personne âgée », plus neutre. D'autres optent pour « senior » comme un euphémisme, une atténuation du mot « vieux » qui semble trop brutal.

Pourquoi serait-ce blessant ? Ou stigmatisant ? Parce qu'il réduit la personne à l'usure de son corps, à la perte de ses capacités, avec en creux, l'image de la **dépendance** qui nous effraie tant. Le mot « vieux » contient à lui seul un condensé des représentations d'une vieillesse dégradée, invalidante, triste. Il renvoie au fait que l'on veut bien vieillir, mais sans vraiment devenir vieux. Pourtant, être vieux, c'est simplement avoir vécu longtemps. Cela ne fait pas en soi une identité, cela ne dit rien des capacités de chacun. On est vieux, fatigué, usé parfois, mais on n'est pas « que » ça. Nous défendons la **pulsion de vie** jusqu'au bout et nous savons qu'il est possible de continuer à nourrir de petits comme de grands projets. Nous appelons la société à voir, comme nous, dans chaque vieux, cette « *personne toujours en devenir* ».

VOISINAGE

Qui sont mes proches ? Ma famille, mes amis, bien sûr. Pourtant, ils peuvent ne plus être si proches, ils peuvent s'éloigner, parfois même disparaître. Physiquement, naturellement, les personnes les plus proches de moi sont mes voisins. Tout le monde a un voisin, de classe, de logement, de bureaux, en ville, dans un village... Dans le monde du XXIᵉ siècle où l'individuation a pris une forte place, les relations naturelles de proximité ont très souvent été réduites. Je me concentre sur ma vie, sur mes choix électifs, les relations primaires, naturelles deviennent marginales, l'anonymat se développe. Dans ce contexte, la moindre crise peut créer une situation d'**isolement** de plus en plus difficile, voire dramatique, notamment avec l'avancée en âge. Le voisinage est alors essentiel, car lui reste présent.

Pour lutter contre l'**isolement** de nos **aînés**, il est essentiel de le développer, de le rendre plus significatif, plus vivant, c'est le premier niveau d'une **mobilisation** pour le **lien social.**

VULNÉRABILITÉ

La « blessure », tel est le sens originel de la vulnérabilité. Nous sommes tous vulnérables à un moment de notre vie. Les personnes âgées le sont plus particulièrement dans le **dernier quart de la vie**. Rappelons que l'on devient vulnérable face à un événement ou une situation : l'**isolement**, la maladie, la **maltraitance**… Être vulnérable, ce n'est pas être faible mais affaibli, pour un temps ou durablement, et cette fragilité psychologique expose la personne à des atteintes abusives à son consentement.

Le regard porté par notre société sur ses **aînés** participe à leur sentiment de **fragilité** : à trop exclure, on fragilise. *« Quand on me traite comme un objet qui ne sert à rien, oui, moi je me sens vulnérable » ; « Je me sens vulnérable quand on me fait comprendre que je suis trop vieux pour choisir » ; « Je me sens vulnérable parce que je ne peux plus marcher et que je suis dépendante de quelqu'un. »*[23]

Pauvreté, **isolement** et vulnérabilité(s) sont au cœur de la mission sociale des Petits Frères des Pauvres. Les personnes âgées vulnérables ont besoin de protection et de réconfort.

---

23. in *Gérontologie et Société*, avril 2009.

WEB

Aujourd'hui, plus de 52,9 millions d'internautes surfent sur le web en France à la recherche d'informations, de divertissements ou encore pour rester en contact avec leurs amis et famille. Et si, selon le rapport 2018 des Petits Frères des Pauvres[24], 4 millions d'**aînés** sont exclus du **numérique**, la crise sanitaire a montré combien le digital pouvait être un vecteur important de **lien social** et de **solidarité**.

C'est pourquoi notre site Internet place l'**engagement** de chaque citoyen au centre de son discours. Nous pensons qu'il existe aujourd'hui plusieurs manières d'agir pour une cause, en fonction du profil de chacun. Le digital est en effet l'opportunité de laisser s'exprimer toutes les formes de générosité. Nous mobilisons tous les leviers du digital pour rendre compte à nos différents publics des actions que nous menons quotidiennement grâce à leur générosité. L'écosystème digital nous permet de faire entendre la voix des personnes âgées auprès des citoyens, notamment les plus **jeunes** et d'accueillir de plus en plus de **bénévoles**.

---

24. Source : « L'exclusion numérique des personnes âgées », rapport CSA pour Les Petits Frères des Pauvres, octobre 2018.

X Y Z

(Génération) X

« Génération désenchantée », chantait Mylène Farmer en 1991. Ces dernières années, les concepts ont fleuri pour essayer de décrire des traits de caractère supposément partagés par des classes d'âge composées de personnes nées entre deux dates aux contours imprécis. Êtes-vous génération X, Y ou Z ? Êtes-vous *Xennial* ou *Millénial* ?

La génération X est ainsi interstitielle de ce baby-boom qui se superpose avec les Trente Glorieuses et le début des années 80, qui verra l'avènement de la génération Y, celle qui a eu 20 ans en l'an 2000. Suivra la génération Z, celle née avec la révolution digitale. Si ces repères générationnels sont intéressants, ils restent cependant réducteurs, tant les questions sociales sont également constitutives d'une analyse sociologique fine. Si ces frontières entre les âges rassurent en permettant à des individus de retrouver un sens du collectif qui tend à disparaître dans nos sociétés occidentales, elles créent des barrières artificielles en fonction de l'âge.

Le concept de génération : un obstacle sur la route d'une société fraternelle ? N'a-t-on pas créé le terme « intergénérationnel » pour essayer de pallier ce risque ? L'**intergénérationnel**, donc, devient l'alpha et l'oméga des politiques de l'âge. Si on peut saluer l'intention, sans doute faut-il mieux prévenir que guérir et éviter de séparer des groupes d'individus aux caractères supposément différents voire antagonistes, au risque que toutes les prochaines générations soient, elles aussi, « désenchantées ».

Yersin

Situé place Yersin, dans le 13ᵉ arrondissement de Paris, dans un quartier en pleine reconstruction, la résidence éponyme gérée par l'Association de Gestion des Établissements Petits Frères des Pauvres a ouvert ses portes en 2016[25]. Un immeuble moderne qui accueille une petite unité de vie, une résidence autonomie pour des personnes âgées ainsi qu'une pension de famille pour des personnes en difficulté sociale.

Le fil conducteur de ce projet est de dépasser le concept classique de l'établissement médico-social, pour s'inscrire dans une logique d'immeuble d'habitation, dans lequel on rentre en sonnant chez la personne à qui l'on vient rendre visite. Une équipe d'**accompagnement**, d'animation et administrative intervient auprès des habitants. Des espaces communs (salons, salle à manger, salle d'animation) sont répartis sur les six étages de l'immeuble. Et pour compléter le tout, au rez-de-chaussée, un café alternatif, « Le T-kawa », où se recréent des liens entre **voisins** dans ce quartier qui s'est transformé.

Un lieu pour ceux qui ont souffert, qui ne les isole pas dans une cage dorée mais tente de les laisser en lien avec la vraie vie et de leur offrir l'intimité d'un « chez-soi » et la sécurité d'un « avec les autres ».

---

25. Alexandre Émile Jean Yersin (22 septembre 1863 – 1er mars 1943), médecin et bactériologiste suisse et français.

Il existe des zones vertes où tout est possible, où l'on peut vivre serein, des zones rouges dangereuses... Au feu vert tout circule ; au feu rouge il convient de s'arrêter !

Le blanc et le noir ne sont pas considérés comme des couleurs mais comme des nuances, ils permettent de clarifier ou d'obscurcir une teinte. La zone blanche est une zone si claire qu'elle n'a plus de couleurs, une zone de vide. Un espace sans liaison dans le vocabulaire des communications. Pour les Petits Frères des Pauvres, elle caractérise un espace où très peu d'acteurs s'intéressent à l'**isolement** social de nos **aînés**. Des **territoires** qui interpellent nos équipes, où il convient d'aller afin qu'en tous points du pays se construise une société du lien.

ZONE RURALE

Notre pays vit depuis plusieurs décennies une fracture territoriale d'ampleur. Villes et campagnes s'opposent et se désynchronisent jusqu'à parfois ne plus se comprendre. La pandémie que nous connaissons depuis mars 2020, les **confinements** et restrictions successives de déplacements semblent vouloir contribuer à opérer un rééquilibrage : l'attractivité des métropoles perd du terrain face aux villes moyennes et aux territoires ruraux, si toutefois ils sont correctement desservis par des infrastructures de transports et hors des zones blanches digitales. Ainsi, nous sommes peut-être à l'aube d'une époque qui verra nos concitoyens plus prompts à répondre à des aspirations de bien-être et de lien avec la nature.

N'oublions pas cependant que les territoires ruraux sont, encore aujourd'hui, des espaces ou l'**isolement** des **aînés** est tout aussi conséquent qu'en ville, et que la perte des lieux de socialité (commerces, services publics[26]) engendre des couts sociaux d'ampleur et accélère la **perte d'autonomie**. Et si, grâce aux conséquences de la crise sanitaire, les zones rurales s'offraient un nouvel avenir ?

---

26. Source : étude Petits Frères des Pauvres, « Isolement et territoires », octobre 2019.

Postface

100 mots pour réveiller les consciences

par Yann Lasnier,
délégué général de l'association
Petits Frères des Pauvres

100 mots…100 mots pour réveiller les consciences, pour faire de vous et de toutes celles et tous ceux qu'il vous sera désormais plus facile de convaincre des ambassadeurs de la lutte contre l'isolement social des aînés.

L'isolement tue, l'isolement maltraite, l'isolement détruit. Seul un réveil citoyen saura être à la hauteur de l'enjeu, car nous entrons dans une véritable révolution anthropologique – celle du commencement de la société de la longévité.

Malgré les Cassandre qui, à l'instar de la finitude des ressources carbonées, nous l'annoncent, nous entrons dans une ère démographique – du fait de l'augmentation continue de l'espérance de vie, des effets du baby-boom devenu papy-boom et d'un taux de fécondité qui faiblit – qui verra, année après année, les plus de 65 ans dépasser en nombre la part des moins de 20 ans. Cette nouvelle donne constitue sur le plan des politiques publiques comme sur le plan des comportements humains un véritable défi. Il faudra regarder la réalité en face, oser enfin lutter contre l'âgisme qui gangrène le contrat moral entre les générations, repenser les systèmes de solidarité, la ville, les transports, les logements. Et, pour que la question du vieillissement puisse rimer avec paix et dignité, bâtir enfin ce grand projet de loi au service du grand Âge et de l'Autonomie auxquels tant de gouvernements ont, face à l'ampleur de la question, renoncé.

C'est de courage dont la société a besoin pour affronter ces défis.

Les Petits Frères de Pauvres seront là pour en donner à toutes celles et ceux qui s'engageront dans ce combat pour la dignité de nos aînés.

Ont contribué à la réalisation de cet ouvrage

Audrey Achekian, Magali Assor, Sabine de Baudus, Fanny Berriau, Clémence de Monpezat, Christophe Figeac, Sébastien Gautret, Virginie Hérail, Étienne Hervieux, Méryl Lebreton, Yann Lasnier, Sylvie Lattanzi, Olivier Loock, Rodin Munganga, Lise Najab, Julie Noss, Mélanie Rossi, Bettina Roudeix, Isabelle Sénécal, Emmanuelle Soublin, Francois-Xavier Turbet Delof, Boris Venon, Alain Villez, Jean-Louis Wathy.

Table des matières